会社別就活ハンドブックシリーズ

2025

LINE ヤフーの
就活ハンドブック

就職活動研究会 編
JOB HUNTING BOOK

はじめに

　2021年春の採用から，1953年以来続いてきた，経団連（日本経済団体連合会）の加盟企業を中心にした「就活に関するさまざまな規定事項」の規定が，事実上廃止されました。それまで卒業・修了年度に入る直前の3月以降になり，面接などの選考は6月であったものが，学生と企業の双方が活動を本格化させる時期が大幅にはやまることになりました。この動きは2022年春そして2023年春へと続いております。

　また新型コロナウイルス感染者の増加を受け，新卒採用の活動に対してオンラインによる説明会や選考を導入した企業が急速に増加しました。採用環境が大きく変化したことにより，どのような場面でも対応できる柔軟性，また非接触による仕事の増加により，傾聴力というものが新たに求められるようになりました。

　『会社別就職ハンドブックシリーズ』は，いわゆる「就活生向け人気企業ランキング」を中心に，当社が独自にセレクトした上場している一流・優良企業の就活対策本です。面接で聞かれた質問にはじまり，業界の最新情報，さらには上場企業の株主向け公開情報である有価証券報告書の分析など，企業の多角的な判断・研究材料をふんだんに盛り込みました。加えて，地方の優良といわれている企業もラインナップしています。

　思い込みや憧れだけをもってやみくもに受けるのではなく，必要な情報を収集し，冷静に対象企業を分析し，エントリーシート作成やそれに続く面接試験に臨んでいただければと思います。本書が，その一助となれば幸いです。

　この本を手に取られた方が，志望企業の内定を得て，輝かしい社会人生活のスタートを切っていただけるよう，心より祈念いたします。

就職活動研究会

Contents

第1章

LINEヤフーの会社概況

会社によって選考方法は千差万別。面接で問われる内容や採用スケジュールもバラバラだ。採用試験ひとつとってみても，その会社の社風が表れていると言っていいだろう。ここでは募集要項や面接内容について過去の事例を収録している。

また，志望する会社を数字の面からも多角的に研究することを心がけたい。

✔ 企業理念

■ミッション

「WOW」なライフプラットフォームを創り、
日常に「！」を届ける。

これが私たちの掲げるミッションです。

私たちが創るプロダクトによって、世の中やユーザーの生活がどう変わっていくのか。
それを想像しながら、日々の業務に取り組む必要があります。
では、このミッションにはどのような思いが込められているのでしょうか。

■バリュー

ミッションを実現するために定義した働き方が、バリューです。
バリューは業務を推進するための基準として、大きく３つのパートに分かれています。
「ユーザーファースト」とは、全社員が大切にしたいマインドのこと。
「やりぬく」は、ミッションの実現に欠かせない個人の行動指針。
「少数精鋭」は、そんな個人が集まったチームとしての指針です。

ユーザーファースト

日々の業務において、「ユーザーが求めているのか」「ユーザーがより便利になるのか」
この２つを常に判断の軸としてください。ユーザーの関心と選択があってこそ、プ
ロダクトは使ってもらえます。また、ユーザーのニーズは変化し続けるものです。世
の中のあらゆることにアンテナを張りましょう。ユーザーを取り巻く環境は、競合、
市況、技術進歩など様々な因子で相対的に変化します。ユーザーから見て私たちの会
社やプロダクトがどう映るのかを俯瞰で見つめる力が必要です。その結果として、ユー
ザーに選ばれるプロダクトを提供できるのです。

やりぬく

私たちの仕事には、複雑で多様な課題が日々発生します。それぞれ難易度が高く、簡
単に解決できるものではありません。そんなときは、できない理由ではなく、できる
方法を模索するスタンスを忘れないでください。考えうるすべての方法を試し、後悔
なく全力を尽くせば、たとえ失敗したとしても、その経験は次の挑戦を成功に導く糧
になるでしょう。成功するその日まで、やりぬくのです。

少数精鋭

少数精鋭の意味するところは「挑戦する課題に対し、最適化された精鋭組織」です。
人員が少なすぎると、当然プロダクトの完成度は低くなります。かといって多すぎる
とコミュニケーションコストばかりが膨らみ、適切なタイミングでユーザーに届ける
ことができません。また、必要なケーパビリティと情熱を持ったメンバーでなければ、
最短距離での業務遂行はできません。この「挑戦する課題に対し、最適化された精鋭
組織」を意識し、成果を出す組織を創りましょう。

✔ 会社データ

代表者名	代表取締役会長　川邊　健太郎 代表取締役社長 CEO　出澤　剛 代表取締役 CPO　慎　ジュンホ
主な事業内容	インターネット広告事業、イーコマース事業及び会員サービス事業などの展開並びにグループ会社の経営管理業務など
本社所在地	〒102-8282 東京都千代田区紀尾井町1-3 東京ガーデンテラス紀尾井町 紀尾井タワー
設立年月日	1996年1月31日
資本金	247,473（百万円）（2023年8月末時点）
連結子会社数	124社（2023年8月末時点）
持分法適用関連会社数	39社（2023年8月末時点）

✔ 仕事内容

エンジニア職

ソフトウェアエンジニアコース

LINE ヤフーのさまざまなサービスや、サービスを支える基盤システム（データ、広告配信など）の設計・開発・運用、システムのセキュリティ品質の向上までを担当します。 幅広い技術スタックに触れ、エンジニアとして成長できる環境です。

インフラエンジニアコース

LINE ヤフーの膨大なアクセスを支える基盤の構築、運用を担当します。 国内屈指の規模のインフラで、エンジニアとして成長できる環境です。

データサイエンスコース

LINE ヤフーのさまざまなサービスから得られる膨大な量のデータを活用し、大規模な AI・機械学習システムの構築や改善、データの分析、提案を担当します。

デザイナー職

UI/UX デザイナー

LINE ヤフーが提供する各種デジタルプロダクトの開発に企画段階から携わりながら、UX デザインやそれに伴うユーザーニーズ分析・UI デザイン・プロトタイプ作成・ビジュアルデザインなど幅広い分野をご担当いただきます。あなたが持っているクリエイティビティとデザインスキルを発揮し、事業課題の解決と事業成長に貢献することで、ユーザーにとって、より価値のある体験を提供することを期待しています。

セールス職

広告事業およびコマース事業において、クライアント企業の事業成長を最前線でサポートし、LINE ヤフーの売り上げを最大化するコンサルティングセールスを担当します。 初期配属では、下記いずれかの業務においてセールスの基礎となるスキルを身につけ、セールスのプロフェッショナルへの成長を目指していただきます。 将来的には一人ひとりのキャリアプランや成長に合わせ、

マネジメントへの挑戦や企画・マーケティング・事業開発といった、インターネットビジネスを支えるさまざまな職種への挑戦を行うなど、初期配属後に幅広いキャリアを描ける環境です。

広告・販促セールス

社内外のステークホルダーと連携しながら、市場のトレンドや競合他社の動向をふまえて、ヒアリングや仮説設定などによる顧客課題の発見、最適なプロダクトを組み合わせた幅広い解決策の提案業務を行います。
＜取り扱うプロダクト例＞
企業とユーザーが"友だち"になり、つながりを強化する「LINE 公式アカウント」
・広告配信プラットフォーム「Yahoo! 広告」「LINE 広告」
・"ユーザーに使われる"新しい広告のかたち「LINE プロモーションスタンプ」
・オンラインとオフラインの購買体験をつなぐ「Yahoo! セールスプロモーション」
・接客のデジタル化をサポートする「LINE ミニアプリ」

コマースセールス

「Yahoo! ショッピング」に出店しているストアの売上目標に対し、PDCA サイクルを効果的に回すために改善策の提案を行います。 売り上げアップのために出店ストアと二人三脚で取り組みます。
出店ストアが求める販促を、マーケティングやプロダクト部署と共につくり上げ、売り上げの最大化を実現します。 そのほかにも、大手メーカー企業などとタイアップしたプロモーション企画の立案や、広告営業も行います。

企画職

LINE ヤフーが提供するプロダクトやサービスをより良いものとし、ユーザーファーストな体験を提供することにコミットしていくのが「企画職」です。プロダクトマネジメントに責任を持つプロダクト企画や、事業の目標達成を推進する事業企画などが該当します。 初期配属では下記のいずれかの業務においてスキルを身につけ、その道のプロフェッショナルとして成長やプロダクトや事業全体の責任を担う立場を目指していただきます。

プロダクト企画

下記の業務を、エンジニアやデザイナーなど、さまざまな領域のステークホルダーから協力を得ながらリードします。

・インタビューや各種リサーチ、ユーザー動向など、さまざまなデータの収集とその分析を通じたニーズ・課題の発見

・より良いユーザー体験を目指し、ニーズを満たすための企画立案

・企画を実現するための要件定義や UI 設計、詳細動作の設計などの仕様策定

・開発チームとのコミュニケーションや、プロジェクト管理などの開発ディレクション

事業企画

下記の業務を、売上・利益計画やその他事業の重要目標の達成に向けて推進します。

・事業の P/L 構造や KPI ツリーなどの目標達成に必要な各種施策の立案

・マーケットニーズをふまえた商品や、プロダクト企画における要件のとりまとめ、各ステークホルダーとの協議

・事業運営のために必要なオペレーションフローの企画や、運営組織・体制の設計と実現

・中長期的な事業成長のための事業計画策定や、サービスのロードマップ策定支援

データアナリスト職

LINE ヤフーのさまざまなサービスから日々生まれる、"膨大な量のデータ"を分析し、サービスの改善やユーザー体験の向上、クライアント向けの課題解決・提案を行います。

分析の企画・設計・データ抽出・前処理・実分析・提案など幅広くプロジェクトを担うとともに、企業へのデータを活用した分析支援も行い、社内外の課題解決に貢献します。また、サービスの現状分析や改善に向けた意思決定サポートなど事業成長に貢献します。

統計や分析技術に関する知識・専門性だけでなく、ユーザー・サービス・ビジネスを深く理解し、さまざまな関係者と協力しながらマーケティングなど、幅広い分野の知見を持ってデータを活用していくことが求められます。

業務例

・サービスのユーザー利用状況およびプロダクトの状態の調査・分析、分析結果の可視化
・ビジネス部門・開発部門との連携による、分析結果を利用したサービス・プロダクト開発の意思決定のサポート
・サービスおよびプロジェクトにおける、各種施策
・外部環境変化による影響測定、分析
・A/B テストを用いた品質の評価
・広告主や企業に対するインサイト提供
・課題解決に対して必要な分析の要件定義、設計、集計、分析
・分析に必要なソリューションロジックの開発・システム開発・運用

✔ 先輩社員の声

検索技術は今後ますます進化する！
日本最大級の検索機能を開発できるのが醍醐味。

【エンジニア／2016年入社】
現在担当している主な業務内容や具体的な流れについて教えてください。

「Yahoo!検索」のDDとは、ユーザーが求めているであろう検索結果を直接表示する機能です。たとえば「品川プリンスホテル」という検索クエリに対し、一般的なサイトリンクではなく、宿泊プランやホテルの詳細情報などを表示する独自の回答パネルがあります。ここに、より多くのクエリで正しい回答パネルを掲出するための機能改善に日々取り組んでいます。

DDを掲出するために、意図判定や検索、掲出判定の大きく分けて3つのコンポーネントがあり、全て機械学習を利用しています。

1つ目のコンポーネントは、そのクエリが拠点を検索するものなのかの意図判定をするコンポーネントです。たとえば「ヤフー」のようなキーワードであれば、拠点を検索する意図はありません。

2つ目は、掲出すべき拠点を検索するコンポーネントです。クエリが「品川プリンスホテル」であれば、どの拠点を出すべきかの判断は簡単ですが、「プリンスホテル品川」「品川プリンス」などの表記揺れへの対応も必要です。また、「本の読めるホテル名古屋」のような具体的な拠点名ではないクエリに対してもユーザが求める拠点を引き当てる必要があります。

最後は、最終的に導いたDDを掲出するかを判断するコンポーネントで、CTRなどを元に表示するかどうかや表示位置などを決めます。これらをよりよくするために10〜15人のチームメンバーで、どのようなクエリの場合に、意図判定をすべきなのかを判定するシステムやモデルをつくったり、検索を行うモデルをつくったりしています。

改善の進め方のイメージとしては、まずはDDを掲出したいクエリを1,000個ほど集めることから始まります。すると実際は500個しか掲出できていない場合もあり、残り半分はなぜ出せていないのかを分析し、それに対して必要な対応、たとえば口コミから検索に使えるキーワードをとってきたり、新たにデータを集めて検索エンジンの精度を高めたりなどして、問題を1つずつ潰していきます。

PjMとしての自分の役割は、プロジェクトの目標を達成に導くことです。そのために案件管理や施策立案・技術調査から、実際の開発やレビューにいたるまで、プロジェクトの完遂に必要な作業はすべて行います。DD掲出率はサービスの目標にもなっていますし、直接売上にもつながる部分のため、会社への貢献を肌身をもって感じられ、やりがいがあります。

「LINE」アプリを活用した飲食店の業務効率化を通して、国内 IT のアップデート促進に貢献したい。

【セールス職／ 2022 年入社】
現在担当している主な業務内容や具体的な流れについて教えてください。

入社から半年後に新卒研修を終え、現在のチームにセールス職として配属されました。内定者アルバイトをしていたときにもお世話になっていた部署ではありましたが、配属からすぐにクライアントを一人で担当させてもらえる裁量の大きさには驚きました。

具体的な業務としては、「LINE 公式アカウント」や「LINE で予約」といった BtoB 向けサービスを導入している飲食店などの既存クライアントに対して、予約数を増やしたり、売り上げを伸ばしたりするための提案をしています。「LINE 公式アカウント」や「LINE で予約」を切り口として、「LINE ミニアプリ」「LINE スキマニ」「LINE クーポン」などの関連サービスとも組み合わせながら、効果を最大化していきます。

クライアントとは月に 1 回程度の定例会議を設けていて、前月の「LINE で予約」経由の予約数や「LINE 公式アカウント」の友だち数の推移を振り返り、パフォーマンスが落ちている部分があれば改善方法を考えます。たとえば「予約数の伸びが悪い」という課題に対しては、「LINE で予約ができることをユーザーが知らないのでは」「使い方がわかりにくいのでは」などの仮説を立て、そのお店で「LINE で予約」が使えることを知らせるメッセージや、使い方をレクチャーするメッセージの配信など、ユーザーが「LINE で予約」を使ってくれるような施策を打って、効果を検証します。また、「LINE ミニアプリ」のモバイルオーダーを導入している店舗では、よりリピーターが定着するようにモバイルオーダーで取得したユーザーの属性や注文データを活用して、再来店を促す効果的なメッセージを配信する検証も行っています。

※ LINE アカウントと紐づいた行動データの取得・活用にはユーザーの許諾が必須となります。

2023 年の春ごろまではコロナ禍の最中であったこともあり、現在飲食業界は大きな打撃を受けたところから再び盛り上げていこうとしている真っ最中です。客足が遠のいただけでなく、店舗で働いてくれるスタッフの数も減っていますし、LINE としてもそのための力になりたいと奮闘しているところ。「LINE 公式アカウント」の運用や友だちへのメッセージ配信だけでなく、人手を増やすためにスタッフ募集をしたいなら「LINE スキマニ」、モバイルオーダーを活用して人件費を削減したいなら「LINE ミニアプリ」…など、LINE が提供しているほかのサービスとかけ合わせて提案できることもたくさんあるので、クライアントとの何気ない雑談がヒントになることも多いです。

エンジニア職

業務内容	■ソフトウェアエンジニアコース 　サーバーサイド／フロントエンド／クライアント（iOS／Android）／データ／セキュリティ ■インフラエンジニアコース 　システム／ネットワーク／データベース／クラウドプラットフォーム／社内ネットワーク ■データサイエンスコース 　AI／機械学習／データサイエンティスト／プライバシー＆トラスト／プログラムマネージャー（PM）
給与	基準給与：336,000 円～／月 （基礎給　259,616 円～／月＋35 時間相当分の固定時間外手当76,384 円～／月）※1 標準年収：5,040,000 円～（基準給与×12＋賞与 2回分（基準給与×3ヵ月））※2 ※3 ※1 月 35 時間を超過した場合、別途超過時間分の手当を支給 ※2 年間を通じて標準的な評価だった場合の標準年収 ※3 賞与は年 2 回を上限に、会社や所属部署の業績を踏まえて支給

デザイナー職

業務内容	■UI/UX デザイナー
給与	基準給与：320,000 円～／月 （基礎給　247,138 円～／月 ＋35 時間相当分の固定時間外手当72,862 円～／月）※1 標準年収：4,800,000 円～（基準給与×12＋賞与 2回分（基準給与×3ヵ月））※2 ※3 ※1 月 35 時間を超過した場合、別途超過時間分の手当を支給 ※2 年間を通じて標準的な評価だった場合の標準年収 ※3 賞与は年 2 回を上限に、会社や所属部署の業績を踏まえて支給

セールス職

業務内容	■広告・販促セールス ■コマースセールス
給与	基準給与：302,000 円〜／月 （基礎給　233,100 円〜／月 ＋35 時間相当分の固定 　　時間外手当68,900 円〜／月）※1 標準年収：4,530,000 円〜（基準給与×12＋賞与 2 　　回分（基準給与×3ヵ月））※2 ※3 ※1 月 35 時間を超過した場合、別途超過時間分の手当を支給 ※2 年間を通じて標準的な評価だった場合の標準年収 ※3 賞与は年 2 回を上限に、会社や所属部署の業績を踏まえて支給

企画職

業務内容	■プロダクト企画 ■事業企画
給与	基準給与：302,000 円〜／月 （基礎給　233,100 円〜／月 ＋35 時間相当分の固定 　　時間外手当68,900 円〜／月）※1 標準年収：4,530,000 円〜（基準給与×12＋賞与 2 　　回分（基準給与×3ヵ月））※2 ※3 ※1 月 35 時間を超過した場合、別途超過時間分の手当を支給 ※2 年間を通じて標準的な評価だった場合の標準年収 ※3 賞与は年 2 回を上限に、会社や所属部署の業績を踏まえて支給

データアナリスト職

給与	基準給与：302,000 円〜／月 （基礎給　233,100 円〜／月 ＋35 時間相当分の固定 　　時間外手当68,900 円〜／月）※1 標準年収：4,530,000 円〜（基準給与×12＋賞与 2 　　回分（基準給与×3ヵ月））※2 ※3 ※1 月 35 時間を超過した場合、別途超過時間分の手当を支給 ※2 年間を通じて標準的な評価だった場合の標準年収 ※3 賞与は年 2 回を上限に、会社や所属部署の業績を踏まえて支給

共通項目

応募資格	2025年度に入社可能な方（入社月：4月・10月） 学歴・学部・学科不問（高専生・専門学生でも応募可能） 正社員としての就業経験がない方
勤務場所	インターネットに安定して接続できる環境があり、業務に支障が出ないことを前提に、リモートワークが可能です。場所に縛られない働き方を実現することで、「WOW」で「！」なサービスを生み出すことを目的としています。働く環境の支援金として LY Working Style 手当（1.1万円/月）を支給しています。 ※自宅・オフィス以外でのリモートワークは申請が必要です。 ■居住地 日本国内であればどこでも可能 ※居住地は所属組織のルールおよび前日の出社指示に対応できる範囲を推奨しています。 ■所属オフィス 〒102-8282 東京都千代田区紀尾井町1-3 東京ガーデンテラス紀尾井町 紀尾井タワー ※出社の頻度・ルールは配属組織や業務内容により異なります。 ※所属オフィスへの通勤交通費は、出社分を実費支給（上限15万円/月）しており、新幹線・飛行機の利用も可能です。オフィスに出社した日数に応じ実費を翌月に支給します。 ※配属先に応じて、所属オフィスが変更となる場合があります。
勤務時間	フレックスタイム制（コアタイムなし） 標準労働時間7時間45分
休日・休暇	完全週休2日制（土日 ※1）、国民の祝日、年末年始（12月29日から1月4日まで） 有給休暇、特別有給休暇（慶弔、マタニティ、子の看護、介護、法定伝染病など）、ハッピーフライデー ※2、サバティカル休暇制度 ※1 部署により異なります。 ※2 祝日が土曜日にあたった場合、前労働日を振り替え特別休日としています。
給与改定	年2回

諸手当	LY Working Style手当 11,000円/月 通勤手当は実費にて支給（上限150,000円/月）
福利厚生	選択型確定拠出年金制度、総合福祉団体定期保険、長期所得補償制度、財形貯蓄制度、株式累積投資制度、定期健康診断・人間ドック二次検査の費用補助、LY Working Style手当、社内マッサージ室、サークル、懇親会費補助など

✔2023年の重要ニュース （出典：日本経済新聞）

■ ZHD、新社名は「LINE ヤフー」　10 月に ID を連携（4/28）

　Z ホールディングス（HD）は 28 日、10 月 1 日付で傘下のヤフー、LINE と合併すると発表した。合併後の社名は「LINE ヤフー」となる。ZHD は 2021 年に LINE と経営統合したが、目立った統合効果が出ておらず、広告事業などの成長鈍化で業績が悪化している。新会社の発足と同時にヤフーと LINE の ID 連携を実施し、低迷する事業のテコ入れを進める。

　2 月にヤフー、LINE と合併する方針を発表していた。別の子会社を含め 5 社で合併する。LINE の抱える 9000 万人超の利用者をヤフーのサービスなどに送客するため、ID 連携にも踏み切る。まずは 10 月にヤフーと LINE で実施し、24 年度中に傘下のスマートフォン決済の PayPay とも連携させる。統合直後に発覚した LINE の個人情報管理問題の影響で、統合の肝となるはずだった ID 連携は遅れていた。

　ZHD が同日に公表した 23 年 3 月期連結決算（国際会計基準）は、純利益が 1788 億円で前の期比で約 2.3 倍となった。22 年 10 月に連結子会社化した PayPay の株式価値の再評価益を計上したことが寄与した。売上高にあたる売上収益は 1 兆 6723 億円で 7% 増となった。

　ZHD が重視する EBITDA（利払い・税引き・償却前利益）は 3326 億円で微増にとどまった。主力の広告や電子商取引（EC）の成長が鈍化していることが響いた。24 年 3 月期は EC の販促を控えるほか、役員報酬の削減や中途採用の凍結などで前の期比 300 億円の固定費削減を目指す。24 年 3 月期の EBITDA は 3560 億〜 3660 億円を見込む。

　4 月から川辺健太郎会長に代わり、LINE 社長だった出沢剛氏が ZHD の社長 CEO（最高経営責任者）に就き、組織体制の改革に着手している。出沢氏は「厳しい環境が続くが、合併で事業を効率化するほか、ID 連携などで再成長を目指す」と強調した。

　3 月末には LINE とみずほフィナンシャルグループ（FG）が共同で開業を目指していた新銀行「LINE バンク」の設立中止を発表した。ZHD の傘下には既に PayPay 銀行（旧ジャパンネット銀行）があり、グループに 2 つの銀行は不要と判断したとみられる。

　組織も抜本的に作り直す方針だ。重複の見直しなどで余剰となった人員を急成長しているスマートフォン決済「PayPay」などに再配置していくことも検討する。

　また、「ChatGPT（チャット GPT）」などの生成人工知能（AI）が存在感を高

めているなかで、LINE も親会社のネイバーと協力し独自のサービスを開発している。出沢氏は「自社での開発のほか、外部との連携も含めあらゆる可能性を模索していく」と述べた。

■ LINE ヤフー、ソフト開発に生成 AI　作業 1 日 2 時間効率化（10/12）

　LINE ヤフーは 10 月中旬からソフトウエア開発に生成 AI（人工知能）を全面的に導入する。社内のエンジニア約 7000 人全員が使えるようにする。作業時間を平均で 1 日当たり約 2 時間減らし、空いた時間を新サービスの考案など付加価値が高い業務にあてる。

　エンジニア数が国内最大級の LINE ヤフーが書類作成やリサーチなどの事務業務ではなく、本業で使う。生成 AI の本格活用が広がり始めた。

　米マイクロソフト子会社、米ギットハブのソフト開発支援サービス「ギットハブ・コパイロット（GitHub Copilot）」を導入する。同サービスは米新興企業のオープン AI の生成 AI を基にし、ソフトの設計図となるコードを自動生成できる。

　エンジニアが実現したい機能や動作などを入力すると必要なコードを作成する。入力した情報がギットハブなど外部に渡らない仕組みのため、LINE ヤフーは初期開発から改良まで幅広い業務での利用を認める。これまで生成 AI を使う企業は増えているが資料や議事録の作成が多かった。

　AI に任せられるコードの作成などに費やす時間を減らす。空いた時間は人間にしかできない新サービスの創出や構想などの創造的な仕事の時間に充てる。

　LINE ヤフーが抱えるソフトウエアのエンジニア数は国内最大規模とみられる。同社は全面導入に先立ち、6 月末から 2 カ月間、約 550 人のエンジニアに導入して効果を実証してきた。

　エンジニアごとに主な業務は企画や開発など多岐にわたるが、コード作成に費やす時間を平均で 1 日当たり 2 時間程度減らせたという。開発中心のエンジニアでは 3 〜 4 時間縮められた事例も多かったとしている。

　2021 年度のヤフーの全社員の勤務時間は 1 日平均で約 8 時間だった。LINE ヤフーが生成 AI 導入で減らせると見込む作業時間は、この 2 割強に相当する。

　23 年 4 〜 6 月期のヤフーや LINE などの広告事業の売上収益は前年同期比 0.3% 減にとどまり、プラットフォームとしての競争力が低下している。競争力のある新サービスの開発が LINE ヤフーの喫緊の課題となっている。

✔ 就活生情報

> 業界研究については，業界地図などを使って，しっかりと確認しておいた方がよいと思います

総合職 2023卒

エントリーシート

・形式：採用ホームページから記入
・内容：大切にしている価値観や考え方，これまでの人生の中で最も苦労したこと，LINEのサービスの中で最も好きなサービス

セミナー

・選考とは無関係
・服装：リクルートスーツ
・内容：社員との座談会や逆質問，事業説明

筆記試験

・形式：Webテスト
・科目：数学，算数／国語，漢字

面接（個人・集団）

・雰囲気：普通
・回数：1回
・質問内容：志望動機と今後のキャリアについて

▶ その他受験者からのアドバイス

・ESでは志望動機は聞かれなかったため，別に志望動機を考えて話すことになった。それに対する深堀の質問もなされた。

LINEへの想いや，どうしても入社したいという意思を示すことが大切だと感じました

ビジネス企画職 2019卒

エントリーシート

・形式：採用ホームページから記入
・内容：企業でのインターン，またはアルバイトの御経験，これまでの取り組みや実績，学生時代の最大の成果，LINEに入社してチャレンジしてみたいこと

セミナー

・選考とは無関係
・服装：きれいめの服装

筆記試験

・形式：Webテスト
・科目：数学，算数／国語，漢字／性格テスト

面接（個人・集団）

・雰囲気：和やか
・回数：3回
・質問内容：志望動機，LINEでやりたいこと，LINEのほかに入社したい企業や逆に入社したくない企業

内定

・通知方法：電話

▶ その他受験者からのアドバイス

・1dayインターンシップがあったため，そこで企業研究ができた。インターンシップへの参加に際しては企業についての知識よりLINEに興味があるということが重要だと感じた。

✔ 有価証券報告書の読み方

01 部分的に読み解くことからスタートしよう

　「有価証券報告書（以下，有報）」という名前を聞いたことがある人も少なくはないだろう。しかし，実際に中身を見たことがある人は決して多くはないのではないだろうか。有報とは上場企業が年に1度作成する，企業内容に関する開示資料のことをいう。開示項目には決算情報や事業内容について，従業員の状況等について記載されており，誰でも自由に見ることができる。

　一般的に有報は，証券会社や銀行の職員，または投資家などがこれを読み込み，その後の戦略を立てるのに活用しているイメージだろう。その認識は間違いではないが，だからといって就活に役に立たないというわけではない。就活を有利に進める上で，お得な情報がふんだんに含まれているのだ。ではどの部分が役に立つのか，実際に解説していく。

■有価証券報告書の開示内容

　では実際に，有報の開示内容を見てみよう。

有価証券報告書の開示内容
第一部【企業情報】
第1　【企業の概況】
第2　【事業の状況】
第3　【設備の状況】
第4　【提出会社の状況】
第5　【経理の状況】
第6　【提出会社の株式事務の概要】
第7　【提出会社の状参考情報】
第二部【提出会社の保証会社等の情報】
第1　【保証会社情報】
第2　【保証会社以外の会社の情報】
第3　【指数等の情報】

有報は記載項目が統一されているため，どの会社に関しても同じ内容で書かれている。このうち就活において必要な情報が記載されているのは，第一部の第1【企業の概況】〜第5【経理の状況】まで，それ以降は無視してしまってかまわない。

02 企業の概況の注目ポイント

　第1【企業の概況】には役立つ情報が満載。そんな中，最初に注目したいのは，冒頭に記載されている【主要な経営指標等の推移】の表だ。

回次		第25期	第26期	第27期	第28期	第29期
決算年月		平成24年3月	平成25年3月	平成26年3月	平成27年3月	平成28年3月
営業収益	(百万円)	2,532,173	2,671,822	2,702,916	2,756,165	2,867,199
経常利益	(百万円)	272,182	317,487	332,518	361,977	428,902
親会社株主に帰属する当期純利益	(百万円)	108,737	175,384	199,939	180,397	245,309
包括利益	(百万円)	109,304	197,739	214,632	229,292	217,419
純資産額	(百万円)	1,890,633	2,048,192	2,199,357	2,304,976	2,462,537
総資産額	(百万円)	7,060,409	7,223,204	7,428,303	7,605,690	7,789,762
1株当たり純資産額	(円)	4,738.51	5,135.76	5,529.40	5,818.19	6,232.40
1株当たり当期純利益	(円)	274.89	443.70	506.77	458.95	625.82
潜在株式調整後1株当たり当期純利益	(円)	—	—	—	—	—
自己資本比率	(%)	26.5	28.1	29.4	30.1	31.4
自己資本利益率	(%)	5.9	9.0	9.5	8.1	10.4
株価収益率	(倍)	19.0	17.4	15.0	21.0	15.5
営業活動によるキャッシュ・フロー	(百万円)	558,650	588,529	562,763	622,762	673,109
投資活動によるキャッシュ・フロー	(百万円)	△370,684	△465,951	△474,697	△476,844	△499,575
財務活動によるキャッシュ・フロー	(百万円)	△152,428	△101,151	△91,367	△86,636	△110,265
現金及び現金同等物の期末残高	(百万円)	167,525	189,262	186,057	245,170	307,809
従業員数 [ほか、臨時従業員数]	(人)	71,729 [27,746]	73,017 [27,312]	73,551 [27,736]	73,329 [27,313]	73,053 [26,147]

　見慣れない単語が続くが，そう難しく考える必要はない。特に注意してほしいのが，**営業収益**，**経常利益**の二つ。営業収益とはいわゆる**総売上額**のことであり，これが企業の本業を指す。その営業収益から営業費用（営業費（販売費＋一般管理費）＋売上原価）を差し引いたものが**営業利益**となる。会社の業種はなんであれ，モノを顧客に販売した合計値が営業収益であり，その営業収益から人件費や家賃，広告宣伝費などを差し引いたものが営業利益と覚えておこう。対して経常利益は営業利益から本業以外の損益を差し引いたもの。いわゆる金利による収益や不動産収入などがこれにあたり，本業以外でその会社がどの程度の力をもっているかをはかる絶好の指標となる。

■会社のアウトラインを知れる情報が続く。

　この主要な経営指標の推移の表につづいて,「会社の沿革」,「事業の内容」,「関係会社の状況」「従業員の状況」などが記載されている。自分が試験を受ける企業のことを,より深く知っておくにこしたことはない。会社がどのように発展してきたのか,主としている事業はどのようなものがあるのか,従業員数や平均年齢はどれくらいなのか,志望動機などを作成する際に役立ててほしい。

03 事業の状況の注目ポイント

　第2となる【事業の状況】において,最重要となるのは**業績等の概要**といえる。ここでは1年間における収益の増減の理由が文章で記載されている。「〇〇という商品が好調に推移したため,売上高は△△になりました」といった情報が,比較的易しい文章で書かれている。もちろん,損失が出た場合に関しても包み隠さず記載してあるので,その会社の1年間の動向を知るための格好の資料となる。

　また,業績については各事業ごとに細かく別れて記載してある。例えば鉄道会社ならば,①運輸業,②駅スペース活用事業,③ショッピング・オフィス事業,④その他といった具合だ。**どのサービス・商品がどの程度の売上を出したのか**,会社の持つ展望として,今後**どの事業をより活性化**していくつもりなのか,などを意識しながら読み進めるとよいだろう。

■「対処すべき課題」と「事業等のリスク」

　業績等の概要と同様に重要となるのが,**「対処すべき課題」**と**「事業等のリスク」**の2項目といえる。ここで読み解きたいのは,その会社の**今後の伸びしろ**について。いま,会社はどのような状況にあって,どのような課題を抱えているのか。また,その課題に対して取られている対策の具体的な内容などから経営方針などを読み解くことができる。リスクに関しては法改正や安全面,他の企業の参入状況など,会社にとって決してプラスとは言えない情報もつつみ隠さず記載してある。客観的にその会社を再評価する意味でも,ぜひ目を通していただきたい。

　次代を担う就活生にとって,ここの情報はアピールポイントとして組み立てやすい。「新事業の〇〇の発展に際して……」,「御社が抱える●●というリスクに対して……」などという発言を面接時にできれば,面接官の心証も変わってくるはずだ。

　最後に注目したいのが，第5【経理の状況】だ。ここでは，簡単にいえば【主要な経営指標等の推移】の表をより細分化した表が多く記載されている。ここの情報をすべて理解するのは，簿記の知識がないと難しい。しかし，そういった知識があまりなくても，読み解ける情報は数多くある。例えば**損益計算書**などがそれに当たる。

連結損益計算書

(単位：百万円)

	前連結会計年度 (自 平成26年4月1日 至 平成27年3月31日)	当連結会計年度 (自 平成27年4月1日 至 平成28年3月31日)
営業収益	2,756,165	2,867,199
営業費		
運輸業等営業費及び売上原価	1,806,181	1,841,025
販売費及び一般管理費	※1　522,462	※1　538,352
営業費合計	2,328,643	2,379,378
営業利益	427,521	487,821
営業外収益		
受取利息	152	214
受取配当金	3,602	3,703
物品売却益	1,438	998
受取保険金及び配当金	8,203	10,067
持分法による投資利益	3,134	2,565
雑収入	4,326	4,067
営業外収益合計	20,858	21,616
営業外費用		
支払利息	81,961	76,332
物品売却損	350	294
雑支出	4,090	3,908
営業外費用合計	86,403	80,535
経常利益	361,977	428,902
特別利益		
固定資産売却益	※4　1,211	※4　838
工事負担金等受入額	※5　59,205	※5　24,487
投資有価証券売却益	1,269	4,473
その他	5,016	6,921
特別利益合計	66,703	36,721
特別損失		
固定資産売却損	※6　2,088	※6　1,102
固定資産除却損	※7　3,957	※7　5,105
工事負担金等圧縮額	※8　54,253	※8　18,346
減損損失	※9　12,738	※9　12,297
耐震補強重点対策関連費用	8,906	10,288
災害損失引当金繰入額	1,306	25,085
その他	30,128	8,537
特別損失合計	113,379	80,763
税金等調整前当期純利益	315,300	384,860
法人税，住民税及び事業税	107,540	128,972
法人税等調整額	26,202	9,326
法人税等合計	133,742	138,298
当期純利益	181,558	246,561
非支配株主に帰属する当期純利益	1,160	1,251
親会社株主に帰属する当期純利益	180,397	245,309

　主要な経営指標等の推移で記載されていた**経常利益**の算出する上で必要な営業外収益などについて，詳細に記載されているので，一度目を通しておこう。

　いよいよ次ページからは実際の有報が記載されている。ここで得た情報をもとに有報を確実に読み解き，就職活動を有利に進めよう。

✔ 有価証券報告書

※抜粋

企業の概況

1 主要な経営指標等の推移

（1） 連結経営指標等 ···

回次		国際会計基準				
		第24期	第25期	第26期	第27期	第28期
決算年月		2019年3月	2020年3月	2021年3月	2022年3月	2023年3月
売上収益	（百万円）	954,714	1,052,943	1,205,846	1,567,421	1,672,377
営業利益	（百万円）	140,528	152,276	162,125	189,503	314,533
当期利益	（百万円）	77,828	88,020	89,120	91,631	189,163
親会社の所有者に帰属する当期利益	（百万円）	78,677	81,675	70,145	77,316	178,868
親会社の所有者に帰属する当期包括利益	（百万円）	83,855	73,822	101,511	107,037	276,542
親会社の所有者に帰属する持分	（百万円）	818,291	771,548	2,682,318	2,684,377	2,919,399
資産合計	（百万円）	2,429,601	3,933,910	6,691,328	7,110,386	8,588,722
1株当たり親会社所有者帰属持分	（円）	160.96	162.01	353.17	358.25	389.43
基本的1株当たり当期利益	（円）	14.74	16.88	14.02	10.20	23.87
希薄化後1株当たり当期利益	（円）	14.74	16.88	14.01	10.14	23.80
親会社所有者帰属持分比率	（%）	33.7	19.6	40.1	37.8	34.0
親会社所有者帰属持分当期利益率	（%）	8.6	10.3	4.1	2.9	6.4
株価収益率	（倍）	18.39	20.62	39.28	52.59	15.62
営業活動によるキャッシュ・フロー	（百万円）	149,957	241,578	207,921	266,314	93,051
投資活動によるキャッシュ・フロー	（百万円）	△212,193	△503,734	△12,349	△303,899	319,786
財務活動によるキャッシュ・フロー	（百万円）	△263,305	595,809	△12,070	91,630	105,791
現金及び現金同等物の期末残高	（百万円）	546,784	880,100	1,065,726	1,127,523	1,651,851
従業員数 [ほか、平均臨時雇用人員]	（名）	12,874 [5,181]	14,168 [6,966]	22,531 [11,801]	23,705 [12,352]	28,385 [12,780]

（注）1 国際会計基準（以下，IFRSという。）に基づいて連結財務諸表を作成しています。

ⓟₒᵢₙₜ **主要な経営指標等の推移**

　　数年分の経営指標の推移がコンパクトにまとめられている。見るべき箇所は連結の売上，利益，株主資本比率の3つ。売上と利益は順調に右肩上がりに伸びているか，逆に利益で赤字が続いていたりしないかをチェックする。株主資本比率が高いとリーマンショックなど景気が悪化したときなどでも経営が傾かないという安心感がある。

2 株価収益率については，期末時価に当該株式の権利の価格に相当する金額を加算した金額に基づいて算出しています。

3 第25期より，IFRS第16号「リース」を適用しています。当社グループは，経過措置に従い適用開始日による累積的影響を認識する方法を採用しているため，第24期については，修正再表示していません。

4 第25期のキャッシュ・フローは表示方法の変更を反映した遡及適用後の数値を記載しています。

5 当社は，2021年3月1日にAホールディングス（株）（旧社名：LINE（株））との間で，LINE（株）（旧社名：LINE分割準備（株））を完全子会社とする株式交換を行いました。そのため，第26期以降の連結経営指標等は第25期以前と比較して大きく変動しています。

6 第27期第2四半期連結会計期間において，企業結合に係る暫定的な会計処理の確定を行ったことに伴い，第26期の連結財務諸表を遡及修正しています。

（2） 提出会社の経営指標等 ···

回次		第24期	第25期	第26期	第27期	第28期
決算年月		2019年3月	2020年3月	2021年3月	2022年3月	2023年3月
売上高および営業収益	（百万円）	434,025	215,005	14,443	92,285	53,272
経常利益	（百万円）	127,510	53,843	1,215	62,506	20,323
当期純利益	（百万円）	91,816	30,362	3,909	55,758	19,411
資本金	（百万円）	8,939	237,422	237,724	237,980	247,094
発行済株式総数	（千株）	5,151,629	4,822,507	7,655,201	7,596,161	7,633,501
純資産額	（百万円）	750,885	578,320	2,377,303	2,338,047	2,345,743
総資産額	（百万円）	1,103,868	1,402,020	3,190,195	3,547,698	3,500,861
1株当たり純資産額	（円）	147.64	121.41	313.00	309.95	307.53
1株当たり配当額 （うち1株当たり中間配当額）	（円）	8.86 （－）	8.86 （－）	5.56 （－）	5.81 （－）	5.56 （－）
1株当たり当期純利益金額	（円）	17.20	6.27	0.78	7.36	2.58
潜在株式調整後 1株当たり当期純利益金額	（円）	17.20	6.27	0.78	7.31	2.58
自己資本比率	（％）	68.0	41.2	74.5	65.5	66.1
自己資本利益率	（％）	10.9	4.6	0.3	2.4	0.8
株価収益率	（倍）	15.76	55.50	705.90	72.88	144.50
配当性向	（％）	51.5	141.3	712.8	78.9	215.5
従業員数	（名）	6,515	63	243	281	339
株主総利回り （比較指標：TOPIX（配当込み））	（％）	56.65 （94.96）	74.03 （85.94）	116.17 （122.15）	114.47 （124.57）	82.48 （131.82）
最高株価	（円）	503	485	792	840	546
最低株価	（円）	250	258	308	439	326

（注） 1　株価収益率については，期末時価に当該株式の権利の価格に相当する金額を加算した金額に基づいて算出しています。

　　　 2　最高株価及び最低株価は，2022年4月3日以前は東京証券取引所市場第一部におけるものであり，2022年4月4日以降は東京証券取引所プライム市場におけるものです。

　　　 3　当社は，2019年10月1日付で会社分割を実施し，持株会社体制へ移行しました。このため，第25期以降の提出会社の状況は，第24期と比較して大きく変動しています。

　　　 4　当社は，2021年3月1日にAホールディングス（株）（旧社名：LINE（株））との間で，LINE（株）（旧社名：LINE分割準備（株））を完全子会社とする株式交換を行いました。そのため，第26期以降の提出会社の状況は第25期以前と比較して大きく変動しています。

　　　 5　「収益認識に関する会計基準」（企業会計基準第29号 2020年3月31日）等を第27期の期首から適用

しており，第27期以降に係る主要な経営指標等については，当該会計基準等を適用した後の指標
等となっています。

2 沿革

年月	沿革
1996年1月	・インターネット上の情報検索サービスの提供を行うことを目的として，東京都中央区日本橋浜町三丁目42番3号にヤフー（株）を設立
1996年4月	・日本語での情報検索サービス「Yahoo!JAPAN」を開始
1996年5月	・本社を，東京都中央区日本橋箱崎町24番1号に移転
1997年11月	・店頭登録銘柄として株式を公開
1998年7月	・「Yahoo!ゲーム」等の登録サービスを開始
1999年8月	・本社を，東京都港区北青山三丁目6番7号に移転
1999年9月	・「Yahoo!オークション」（現「ヤフオク!」），「Yahoo!ショッピング」を開始
2000年9月	・携帯端末へのインターネットサービス拡充のため，ピー・アイ・エム（株）を吸収合併し，同社の子会社であった（株）電脳隊（現スポーツナビ（株））を子会社とする（現連結子会社）
2001年5月	・「Yahoo!オークション」（現「ヤフオク!」）において，サービスの安全性確保を目的に，本人確認と補償制度提供を骨子とした有料化を開始
2001年9月	・ブロードバンド関連の総合サービス「Yahoo!BB」の商用サービスを開始
2002年4月	・「Yahoo!オークション」（現「ヤフオク!」）において，出品システム利用料の課金を開始「Yahoo!BB」のビジネスモデルにおいて，モデム販売から，加入者獲得インセンティブ等のモデルに変更
2002年8月	・オンライン上における決済に関するノウハウ等を当社の事業の強化・充実に結びつけるため，（株）ネットラストの株式を取得し，子会社とする（現連結子会社）
2003年1月	・国内初の個人間クレジットカード支払いサービス「Yahoo!ペイメント」（現「Yahoo!かんたん決済」）を開始
2003年4月	・本社を，東京都港区六本木六丁目10番1号に移転
2003年7月	・有料会員制サービス「Yahoo!プレミアム」を開始
2003年10月	・東京証券取引所市場第一部へ上場
2003年11月	・保険関連サービスへの展開を図るため，ワイズ・インシュアランス（株）（現PayPay保険サービス株式会社）を設立（現連結子会社）
2004年7月	・東京都主税局とともに全国で初めての「インターネット公売」を実施
2004年8月	・情報セキュリティマネジメントシステム（ISMS）の認証を取得

 沿革

どのように創業したかという経緯から現在までの会社の歴史を年表で知ることができる。過去に行った重要なM&Aなどがいつ行われたのか，ブランド名はいつから使われているのか，いつ頃から海外進出を始めたのか，など確認することができて便利だ。

2006年3月	・ソフトバンク（株）（現ソフトバンクグループ（株））と携帯電話事業に関する業務提携について合意
2007年4月	・インターネットの健全で豊かな発展への寄与を目指して「Yahoo!JAPAN研究所」を設立
2009年4月	・本社を，東京都港区赤坂九丁目7番1号に移転 ・（株）GyaO（現（株）GYAO）の株式を取得し，子会社とする（現連結子会社）
2010年7月	・「Yahoo!JAPAN」の検索サービスにおけるグーグルの検索エンジンと検索連動型広告配信システムの採用，ならびに「Yahoo!JAPAN」からグーグルへのデータ提供を決定
2012年4月	・アスクル（株）（現連結子会社）とコマース関連事業領域において業務・資本提携を締結
2012年8月	・YJキャピタル（株）（現 Z Venture Capital（株））を設立（現連結子会社）
2012年10月	・バリューコマース（株）を子会社とする（現連結子会社） ・一般消費者向け（BtoC）インターネット通販サービス「LOHACO（ロハコ）」を開始
2013年10月	・eコマース事業における新戦略を開始
2014年4月	・（株）ジャパンネット銀行（現PayPay銀行（株））の銀行主要株主認可を取得（現連結子会社）
2014年8月	・ワイモバイル（株）（現ソフトバンク（株））とスマートフォンにおける各種サービスの提供を開始
2015年1月	・ワイジェイカード（株）（現PayPayカード（株））の株式を取得し，子会社とする（現連結子会社）
2015年4月	・「Yahoo!JAPANカード」の提供を開始
2015年11月	・11月11日を「いい買物の日」に制定し，リアル・ネット同時展開の"お買物の祭典"を開催
2016年2月	・（株）一休の株式を取得し，子会社とする（現連結子会社）
2016年10月	・本社を，東京都千代田区紀尾井町1番3号に移転
2017年6月	・ソフトバンク（株）と連携し，ソフトバンク会員に「Yahoo!プレミアム」を提供開始
2018年2月	・（株）ジャパンネット銀行（現PayPay銀行（株））に取締役の過半数を派遣し，子会社とする（現連結子会社）
2018年10月	・キャッシュレス決済サービス「PayPay」を提供開始
2019年6月	・主要株主である筆頭株主がソフトバンク（株）に異動
2019年10月	・ヤフー（株）をZホールディングス（株）に商号変更し，持株会社体制へ移行 ・フリマアプリ「PayPayフリマ」を提供開始 ・プレミアムなオンラインショッピングモール「PayPayモール」を提供開始 ・ビッグデータを活用した事業者向けデータソリューションサービスを提供開始

2019年11月	・広告による告知から店頭販促までを一気通貫した新サービス「Yahoo!セールスプロモーション」を提供開始 ・(株) ZOZO の株式を取得し,子会社とする(現連結子会社)
2019年12月	・LINE(株)との経営統合に関する最終合意書を締結
2020年3月	・物流・配送の強化に向けた新コマース戦略を発表し,ヤマトホールディングス(株)と業務提携に向けた基本合意書を締結
2020年8月	・LINE(株),ソフトバンク(株)および NAVER Corporation と業務提携に関する基本合意書を締結
2020年11月	・世界的な ESG 投資指標である「Dow Jones Sustainability Indices(DJSI)WorldIndex」の構成銘柄に初選定
2021年2月	・主要株主である筆頭株主が A ホールディングス(株)(ソフトバンク(株)および NAVERCorporation が共に半数出資)に異動
2021年3月	・LINE(株)との経営統合が完了し,子会社とする(現連結子会社)
2021年4月	・Yahoo!JAPAN, LINE の国内エンターテインメント事業を統括する「Z Entertainment 株式会社」の業務開始
2021年6月	・ESG 投資の主要指標である「MSCI ジャパン ESG セレクト・リーダーズ指数」の構成銘柄に初選定
2021年9月	・OathInc. および Oath HoldingsInc. との間において,日本におけるヤフージャパンブランドの買取や「ヤフージャパンライセンス契約」の終了を合意する最終契約を締結 ・(株)出前館の第三者割当増資を引受
2021年12月	・クレジットカード「PayPay カード」を提供開始 ・MSCIESG 格付けにおいて最上位の「AAA」を獲得
2022年2月	・2030 年度までに温室効果ガス排出量を実質ゼロにする「2030 カーボンニュートラル宣言」を発表
2022年4月	・東京証券取引所プライム市場へ移行
2022年10月	・PayPay(株)を子会社とする(現連結子会社) ・2つのオンラインショッピングモール「Yahoo!ショッピング」と「PayPay モール」を統合
2023年3月	・無料動画配信サービス「GYAO!」を提供終了

(point) 事業の内容

会社の事業がどのようにセグメント分けされているか,そして各セグメントではどのようなビジネスを行っているかなどの説明がある。また最後に事業の系統図が載せてあり,本社,取引先,国内外子会社の製品・サービスや部品の流れが分かる。ただセグメントが多いコングロマリットをすぐに理解するのは簡単ではない。

当社は，1996年1月にインターネット上の情報検索サービスの提供を日本で行うことを目的として設立されました。

当社の親会社であるソフトバンクグループ（株）は，持株会社として傘下に多数の関係会社を擁し，持株会社投資事業，ソフトバンク・ビジョン・ファンド事業，ソフトバンク事業，アーム事業，その他の事業等，様々な分野・地域で事業活動を行っています。当社グループは，「ソフトバンク事業」に属しています。

なお，当社は特定上場会社等に該当し，インサイダー取引規制の重要事実の軽微基準のうち，上場会社の規模との対比で定められる数値基準については連結ベースの計数に基づいて判断することになります。

1. 当社の関係会社および継続的で緊密な事業上の関係がある関連当事者の主な事業内容と報告セグメントとの関係 ……………………………………………

区分	名称	主な事業内容	報告セグメント
親会社	ソフトバンクグループ㈱	持株会社	-
	ソフトバンクグループジャパン㈱	持株会社	-
	ソフトバンク㈱	移動通信サービスの提供、携帯端末の販売、固定通信サービスの提供、インターネット接続サービスの提供	-
	Aホールディングス㈱	持株会社	-

主な子会社	ヤフー㈱	イーコマース事業、会員サービス事業、インターネット上の広告事業	メディア事業 コマース事業 戦略事業
	LINE㈱	モバイルメッセンジャー・アプリケーション「LINE」を基盤とした広告サービス、スタンプ販売およびゲームサービス等を含むコア事業並びにFintech、AIおよびコマースサービスを含む戦略事業の展開	メディア事業 コマース事業 戦略事業
	㈱ZOZO	ファッション通販サイト「ZOZOTOWN」の企画・運営、カスタマーサポート、物流倉庫「ZOZOBASE」の運用	コマース事業
	アスクル㈱	オフィス関連商品の販売事業、その他の配送事業	コマース事業
	バリューコマース㈱	広告事業(アフィリエイトマーケティング、ストアマッチ、アドネットワーク)、CRM事業(マーケティングオートメーション)	コマース事業
	PayPay㈱(注)1	モバイルペイメント等電子決済サービスの開発・提供	戦略事業
	PayPayカード㈱	クレジット、カードローン	戦略事業
	㈱一休	高級ホテルや旅館、厳選レストラン等のインターネット予約サイト運営事業	メディア事業 コマース事業
	PayPay銀行㈱	銀行業	戦略事業
	Zフィナンシャル㈱	グループ会社の経営管理、ならびにそれに付帯する業務	戦略事業
	LINE Plus Corporation	海外マーケティングおよびLINE関連の各種海外サービスの開発	メディア事業 コマース事業 戦略事業
	LINE Financial㈱	金融関連サービスの提供	戦略事業
	LINE SOUTHEAST ASIA CORP. PTE. LTD.	持株会社	メディア事業
	LINE Financial Taiwan Limited (注)2	持株会社	戦略事業
	Zホールディングス中間㈱	持株会社	その他
	その他114社	-	-
主な関連会社等	全36社	-	-

(注)1 当社グループは，2022年10月1日付で，当社子会社の株式交付および同社の過半数の取締役指名権の保有によりPayPay（株）を子会社化しました。
　　 2 LINE Financial Taiwan Limitedは，重要性が増したことにより，当事業年度より重要な子会社としております。

(point) **関係会社の状況**

　主に子会社のリストであり，事業内容や親会社との関係についての説明がされている。特に製造業の場合などは子会社の数が多く，すべてを把握することは難しいが，重要な役割を担っている子会社も多くある。有報の他の項目では一度も触れられていない場合が多いので，気になる会社については個別に調べておくことが望ましい。

2. セグメントおよび事業内容 ·······························

メディア事業	LINE 広告	ディスプレイ広告		「LINE VOOM」、「LINE NEWS」、「トークリスト」、「Talk Head View」、「Talk Head View Custom」、その他
		アカウント広告		「LINE公式アカウント」、「LINEプロモーションスタンプ」、「LINEで応募」、「LINEチラシ」、その他
		その他広告		「ライブドアブログ」(※1)、「LINEバイト」、その他
	ヤフー 広告	検索広告		Yahoo!広告「検索広告」
		ディスプレイ広告	運用型広告	Yahoo!広告「ディスプレイ広告」(運用型)等
			予約型広告	Yahoo!広告「ディスプレイ広告」(予約型)等
	その他	LINE		「LINEスタンプ」、「LINE GAME」、「LINE占い」、「LINE LIVE」(※2)、「LINE MUSIC」、「LINEマンガ」、その他
		ヤフー		「ebookjapan」、不動産関連、「Yahoo!ロコ」、その他
コマース事業	物販EC	ショッピング事業		「Yahoo!ショッピング」、「PayPayモール」(※3)、「ZOZOTOWN」、「LOHACO」、「チャーム」、「LINEショッピング」、「LINE FRIENDS」、「LINEギフト」、「MySmartStore」、「Yahoo!マート by ASKUL」、「LIVEBUY」、海外EC(「LINE SHOPPING(台湾・タイ)」、「GIFTSHOP」、「EZ STORE」、「QUICK EC」、「MyShop」、「LINE MAN」他)
		リユース事業		「ヤフオク!」、「PayPayフリマ」、「ZOZOUSED」
		アスクル単体 BtoB事業(インターネット経由)		「ASKUL」、「SOLOEL ARENA」等
	サービスEC			「Yahoo!トラベル」、「一休トラベル」、「LINEトラベル(台湾)」、その他
	その他			プレミアム会員、アスクル BtoB事業(インターネット経由以外)、バリューコマース、その他
戦略事業	Fintech	PayPay連結		PayPay(※4)、PayPayカード
		PayPay銀行		-
		その他金融		PayPayアセットマネジメント、「PayPayほけん」、マグネマックス(※5)、「LINE Pay」、「LINE証券」、「LINEスコア」、「LINEポケットマネー」、「LINE BITMAX」、「LINE NFT」、その他
	その他			AI、「LINE Search」、「LINEヘルスケア」(※6)、その他

(※1) livedoor事業は，2022年12月28日付で(株)ミンカブ・ジ・インフォノイドへ譲渡しました。

(※2) 「LINELIVE」は，2023年3月31日付でサービスを終了しました。

(※3) 「Yahoo!ショッピング」と「PayPayモール」は2022年10月に統合し，新生「Yahoo!ショッピング」と

してリニューアルしました。

（※4）2022年10月1日付でPayPay（株）を連結子会社化しました。

（※5）2023年2月に，（株）Magne-Max CapitalManagementの全株式を売却しました。

（※6）「LINEヘルスケア」は，2023年2月2日付でサービスを終了しました。

　上記の区分はセグメント情報の区分と同一です。

　なお，2022年4月1日より，サービスの効率的な提供に重点を置き，迅速に市場の変化に対応するため，一部のサービスおよび子会社をセグメント間で移管しています。詳細は，「第5経理の状況1連結財務諸表等連結財務諸表注記6.セグメント情報」をご参照ください。

1. 親会社

名称	住所	資本金 または出資金 （百万円）	主要な事業 の内容	議決権の所有 または被所有割合		関係内容
				所有割合 （%）	被所有割合 （%）	
ソフトバンクグループ㈱ （注）1	東京都港区	238,772	持株会社	－	64.5 (64.5)	役員の兼任
ソフトバンクグループジャパン㈱	東京都港区	188,798	持株会社	－	64.5 (64.5)	－
ソフトバンク㈱ （注）1	東京都港区	204,309	通信業	－	64.5 (64.5)	役員の兼任
Aホールディングス㈱	東京都港区	100	持株会社	－	64.5 (－)	－

（注）1　有価証券報告書の提出会社です。

　　　2　「議決権の所有または被所有割合」欄の（内書）は間接被所有割合です。

2. 子会社

名称	住所	資本金 または出資金 （百万円）	主要な事業 の内容	議決権の所有 または被所有割合		関係内容
				所有割合 （%）	被所有割合 （%）	
ヤフー㈱（注）7	東京都千代田区	300	メディア事業 コマース事業 戦略事業	100.0 (100.0)	－	役員の兼任 資金の貸付
LINE㈱（注）3、7	東京都新宿区	34,201	メディア事業 コマース事業 戦略事業	100.0 (100.0)	－	役員の兼任 資金の貸付
㈱ZOZO（注）4、6	千葉県千葉市稲毛区	1,359	コマース事業	51.0 (51.0)	－	役員の兼任
アスクル㈱ （注）4、5、6	東京都江東区	21,189	コマース事業	45.0	－	役員の兼任
バリューコマース㈱（注）4	東京都千代田区	1,728	コマース事業	51.9 (51.9)	－	－
PayPay㈱（注）3	東京都港区	116,451	戦略事業	63.9 (57.9)	－	役員の兼任
PayPayカード㈱	東京都千代田区	100	戦略事業	100.0 (100.0)	－	資金の貸付
㈱一休	東京都千代田区	400	メディア事業 コマース事業	100.0 (100.0)	－	役員の兼任
PayPay銀行㈱ （注）3、5	東京都新宿区	72,216	戦略事業	46.6 (46.6)	－	－
Zフィナンシャル㈱（注）3	東京都千代田区	36,216	戦略事業	100.0	－	－
LINE Plus Corporation	大韓民国京畿道城南市	2,466	メディア事業 コマース事業 戦略事業	100.0 (100.0)	－	役員の兼任
LINE Financial㈱	東京都品川区	100	戦略事業	100.0 (100.0)	－	役員の兼任
LINE SOUTHEAST ASIA CORP. PTE. LTD.（注）3	シンガポール共和国シンガポール市	25,489	メディア事業	100.0 (100.0)	－	－
LINE Financial Taiwan Limited （注）3	中華民国（台湾）台北市	34,973	戦略事業	100.0 (100.0)	－	－
Zホールディングス中間㈱（注）3	東京都千代田区	1	その他	100.0	－	－
その他114社	－	－	－	－	－	－

（注）1　「主要な事業の内容」欄には，報告セグメントの名称を記載しています。

2 「議決権の所有または被所有割合」欄の (内書) は間接所有割合です。

3 特定子会社です。

4 有価証券報告書の提出会社です。

5 議決権の所有割合は50%以下ですが，実質支配力基準により子会社としています。

6 売上収益 (連結会社相互間の内部売上収益除く) の連結売上収益に占める割合が10%を超えていますが，当該子会社は，有価証券報告書の提出会社であるため，主要な損益情報等の記載を省略しています。

7 売上収益 (連結会社相互間の内部売上収益除く) の連結売上収益に占める割合が10%を超えています。

該当する会社の主要な損益情報等は次のとおりです。

名称	主要な損益情報等（百万円）			
	売上収益	当期利益	資産合計	資本合計
ヤフー㈱	508,173	107,897	1,095,268	479,236
LINE㈱	238,883	17,368	690,706	288,659

3. 関連会社等 ·······

全36社

5 従業員の状況

1. 連結会社における状況 ·······

セグメントの名称	従業員数(名)
メディア事業	7,838 (486)
コマース事業	8,328 (10,400)
戦略事業(注) 5	5,195 (764)
その他(注) 1	7,024 (1,130)
合計	28,385 (12,780)

(注) 1 その他は，報告セグメントに属していない従業員です。

2 従業員数は，当社グループから当社グループ外への出向者を除き，当社グループ外から当社グループへの出向者を含む就業人員です。

3 従業員数欄の (外書) は，臨時従業員の平均雇用人員です。

4 臨時従業員には派遣社員，アルバイトを含みます。

5 主にPayPay (株) の連結子会社化により前連結会計年度と比べて増加しました。

2. 提出会社の状況

2023年3月31日現在

従業員数(名)	平均年齢(歳)	平均勤続年数(年)	平均年間給与(円)
339	43.5	10.1	9,129,538

セグメントの名称	従業員数(名)
メディア事業	－
コマース事業	－
戦略事業	－
その他(注)1	339
合計	339

(注) 1　その他は，報告セグメントに属していない従業員です。

　　　2　従業員数は，当社から他社への出向者を除き，他社から当社への出向者を含む就業人員です。

　　　3　平均年間給与は，賞与および基準外賃金を含みます。

3. 労働組合の状況

　当社に労働組合はありませんが，一部の連結子会社に労働組合が結成されています。

　なお，労使関係について，特記すべき事項はありません。

(point) 従業員の状況

　主力セグメントや，これまで会社を支えてきたセグメントの人数が多い傾向があるのは当然のことだろう。上場している大企業であれば平均年齢は40歳前後だ。また労働組合の状況にページが割かれている場合がある。その情報を載せている背景として，労働組合の力が強く，人数を削減しにくい企業体質だということを意味している。

事業の状況

1 経営方針，経営環境及び対処すべき課題等

　文中の将来に関する事項は，当連結会計年度末現在において，当社グループが判断したものです。

1. 経営の基本方針

　当社グループは，情報技術の力で全ての人に無限の可能性を提供する「UPDATE THE WORLD」をミッションに掲げ，『人類は，「自由自在」になれる』というビジョンの実現を目指しています。

　情報技術の発展により，人々はインターネットを介してあらゆる知識・情報の取得と，世界中に向けた情報発信が可能になりました。今後も人々は情報技術の活用によって様々な制約から解放されるとともに，新たな未来を創っていくと当社グループは考えます。

　当社グループは，常にユーザーファーストの姿勢を貫き，サービスの向上に努め，人々や社会の課題解決に貢献することで，持続的成長および企業価値向上を目指します。

2. 目標とする経営指標

　当社グループは主要財務指標として，全社の売上収益および調整後EBITDA（注1）を重視しています。これらの指標を設定した理由は以下のとおりです。

　売上収益：全ての収益の源泉となるものであり，成長性および収益性，事業規模を表す指標として採用しました。

　調整後 EBITDA：減価償却費及び償却費に加え，減損損失や企業結合に伴う再測定損益などの非経常かつ非現金の取引損益を除外することにより，経常的な収益性を把握できる指標として採用しました。

　財務以外の主要指標として，ヤフー（株）は月間ログインユーザー ID数やログインユーザー利用時間等，LINE（株）は月間アクティブユーザー数（MAU），デイリーアクティブユーザー数（DAU）/月間アクティブユーザー数（MAU）率等をそれぞれ重視しています。そのほか，事業別の主要指標は以下のとおりです。

(point) 業績等の概要

　この項目では今期の売上や営業利益などの業績がどうだったのか，収益が伸びたあるいは減少した理由は何か，そして伸ばすためにどんなことを行ったかということがセグメントごとに分かる。現在，会社がどのようなビジネスを行っているのか最も分かりやすい箇所だと言える。

メディア事業：広告関連売上収益，「LINE公式アカウント」アカウント数等

コマース事業：eコマース取扱高等

戦略事業：PayPay（株）の「PayPay」取扱高，「PayPay」決済回数，PayPay
カード（株）の「PayPayカード」クレジットカード取扱高，PayPay銀行（株）の
銀行口座数等

(注1) 調整後 EBITDA は，IFRS において定義された財務指標ではありませんが，当社グループの業績に対
する理解を高め，現在の業績を評価する上での重要な指標として用いることを目的として当該指標を
採用しています。そのため，他社において当社グループとは異なる計算方法または異なる目的で用い
られる可能性があります。

3. 中長期的な会社の経営戦略

(1) 経営環境

　近年，情報技術が発達し社会のあらゆる領域でオンラインとオフラインの境目
は急速に失われています。インターネットの可能性が飛躍的に広がる中で，期せ
ずして生じた新型コロナウイルス感染症拡大により，かつてない大きな変革期を
迎えています。オンラインとオフラインの融合により，ビッグデータの価値が加
速度的に高まっています。日本政府が提唱する「Society5.0」にあるとおり，デー
タを用いて経済発展と社会課題の解決を両立するサービスや事業を創り出す企業
が求められています。

　さらに世界中でキャッシュレスや IoT，ビッグデータ等，インターネットを介し，
革新的で高い利便性を持つサービスが次々と生み出され，生活の新しいスタンダー
ドになりつつあります。加えて，海外の IT 企業が日本に進出し，その存在感は年々
高まっています。他方，国内でもベンチャー企業が次々と現れており，激しい競
争が続くインターネット市場では今後もめまぐるしい環境変化が予想されます。

　当社グループの展開する事業はメディア事業，コマース事業，並びに戦略事業
に大別されます。

　メディア事業では，多様なメディアサービスを提供し，企業などの広告を掲載
することで収益を上げています。（株）電通の発表によると，2022年の日本の総
広告費は通年で前年比4.4%増の7兆1,021億円で，新型コロナウイルス感染症
の感染再拡大，ウクライナ情勢，物価高騰など国内外の様々な影響を受けつつも，

1947年に同社が推定を開始して以降，過去最高となりました。中でもインターネット広告費は前年比14.3%増の3兆912億円と，社会のデジタル化を背景に継続して高い増加率を保っており，日本の総広告費全体の成長をけん引しています。また，インターネット広告費の約8割を占めるインターネット広告媒体費は，検索連動型広告やビデオ（動画）広告の成長により，前年比15.0%増の2兆4,801億円となりました。インターネット広告媒体費は，検索連動型広告とディスプレイ広告の2種が全体の約7割を占め，ビデオ（動画）広告は前年比15.4%増で全体の2割強を占めています。

コマース事業では，eコマースを中心とした多様なサービスを展開しています。経済産業省の調査によると，2021年のBtoC-EC（消費者向け電子商取引）市場規模は前年比7.35%増の約20.7兆円，物販系分野における EC化率は8.78%となりました。日本の EC化率は年々右肩上がりに上昇しており，特に2020年は新型コロナウイルス感染症拡大に伴う巣ごもり消費の影響で大幅な上昇が見られました。2021年は消費者の間で徐々に外出機会が回復したにもかかわらず，eコマースの市場規模は引き続き増加しています。これは，消費者の間で ECの利用が定着しつつあることの証左と考えられ，日本のEC化率は今後もさらに上昇することが予想されます。

戦略事業では，Fintech を中心とした多様なサービスを展開しています。経済産業省の調査によると，2022年の日本のキャッシュレス決済比率は前年比3.5ポイント増の36.0%と着実に上昇している一方で，諸外国との比較では依然として低水準にとどまっています。経済産業省はキャッシュレス決済比率を2025年までに4割程度，将来的には世界最高水準の80%まで上昇させることを目標としているため，日本のキャッシュレス決済市場は今後も拡大が予想されます。

(2) 経営戦略

当社グループは，オンラインからオフラインまで一気通貫でサービスを提供する，世界的にもユニークな企業グループです。当社グループの提供する多様なサービスから得られる豊富なデータは，当社グループならではのサービスを創り出すための重要な競争優位性となります。各サービスから得られるデータを横断的に

活用することで，利用者一人ひとりに最適化されたサービスを提供し，さらに質の高い利用者体験の提供を目指します。また，豊富なデータ量と多様性あふれるデータ資産を持ち合わせた国内最大級のデータ所有者として，その能力を最大限に引き出し，社会全体の価値を向上させる企業を目指します。

（3）　主要セグメントの基本方針 ······························

メディア事業

　メディア事業では，日常に欠かせない多様なメディアサービスを提供することで多くの利用者を集め，広告により収益を上げています。ユーザーファーストの理念に基づき，必要とされるサービスを適切なタイミングで提供することに日々努めています。メディアとしての信頼性を高めることが，結果として中長期的なユーザー数の拡大，広告売上収益の拡大につながると考えています。

　また当社は，NAVER Corporation の AI技術や LINE（株）のアセットを活用しながら，認知から興味・関心といった「新規顧客獲得のためのファネル」に加えて，購入から CRM の「優良顧客化のためのファネル」まで一気通貫で支援する，新たなマーケティングソリューションを実現していきます。さらに，蓄積されたデータを「PayPay」，「LINE公式アカウント」等と組み合わせて活用し，コンバージョンにコミットするソリューションを提供していきます。その結果，一人ひとりに最適な提案をする「1：1」のマーケティングを実現し，利用頻度の増加を目指します。

　加えて，オフラインへの進出を新たなチャンスと捉え，オフライン上の利用者の生活も便利にする取り組みを進めています。「PayPay」によるオフライン決済のデータを活用することで，認知から購買までを一気通貫で可視化することにより，販促市場でのシェア拡大に取り組んでいます。

コマース事業

　コマース事業では，eコマース関連サービスや会員向けサービス等を提供しています。国内最大級のユーザー基盤を持つ，「LINE」，「ヤフー」，「PayPay」の3つの起点をつなぎ，グループサービス間のクロスユースを促進し，グループ経済圏を拡大することで，収益の持続的な成長を目指します。クロスユースの促進に

向けて，サービスごとに異なるロイヤルティプログラムの統一を進めているほか，「Yahoo! ショッピング」と「LINE公式アカウント」のクロスセルも推進しています。「LINE」，「PayPay」ユーザーを対象としたロイヤルティプログラムを拡充することで，「PayPayカード」や「PayPay」などの会員数および取扱高増加につなげるとともに，eコマース取扱高の拡大を図っています。

　また，中長期的な取り組みとして，「LINE」のコミュニケーション機能を活用した「ソーシャルコマース」および最短15分で商品を受け取ることができる「クイックコマース」を展開していきます。

戦略事業

　戦略事業では，Fintechを中心とした多様なサービスを展開しています。国内のQRコード決済市場において6割以上のシェアを占めるキャッシュレス決済サービス「PayPay」を起点に，クレジットカード，銀行，証券，保険などの様々な金融サービスの拡大を図ります。

　また，NFT（Non-Fungible Token，非代替性トークン）やAI，ヘルスケアなど，今後さらなる市場拡大が期待される領域において，新規プロダクト・サービス開発を積極的に行います。これらの新規事業への投資実施にあたっては，事業環境・市況などを勘案し，投資の内容・規模などを柔軟に意思決定するとともに，サービス開始から3〜5年をめどに継続・撤退を判断します。

4. 優先的に対処すべき課題 ·····

　当社グループは，3.（2）の経営戦略を実行するにあたり，最優先課題として個人情報の保護を筆頭にしたセキュリティの強化に取り組んでいます。横断的なマルチビッグデータの利活用を進める上で，最も大切な基本姿勢は利用者の方のプライバシーを尊重することです。当社グループは，プライバシーポリシーを策定し，日本国の法令に基づいたサービス運用を行っています。

　なお，当社は，当社の子会社であるLINE（株）の日本国内ユーザーの日本国外での個人情報の取扱い等に関して，2021年3月に，当社グループにおけるデータの取扱いをセキュリティ観点およびガバナンス観点から外部有識者にて検証・評価する特別委員会「グローバルなデータガバナンスに関する特別委員会」を設

置しました。同委員会は，同年10月に「グローバルなデータガバナンスに関する特別委員会最終報告書」を取りまとめております。当社は，同報告書で示された提言を受け，当社グループ全体でのデータガバナンス改善に向けた取り組みを実施し，その取り組みの状況について外部の弁護士事務所に検証を依頼し，2022年12月にフォローアップレポートを取りまとめております。当社は，引き続き当社グループ全体でのデータガバナンス改善に向けた取り組みを推進してまいります。デジタルプラットフォーム事業者の社会的責務を果たすため，当社は今後もお客さまや有識者および監督官庁等のご意見・ご指摘と真摯に向き合い，透明性を高め安心してご利用いただける環境作りのため，継続的な改善を行っていきます。

　加えて，当社グループは突発的な事故や自然災害等に対する施設面・業務面でのリスクマネジメントの徹底に努めています。現代社会において，インターネットは生活やビジネスに欠かせないインフラであり，その中で当社グループの担う公共的な責任も年々増していると考えるためです。

　また当社グループは，コーポレートガバナンスを中長期的な企業価値の拡大に必要不可欠な機能と位置付けています。少数株主を含む全株主の利益に適う経営が実現できるよう，ガバナンス体制の強化に努めています。加えて，企業の社会的責任を果たすための取り組みや，企業経営のリスクに対応するための内部統制システムの構築および運用についても，一層の強化を図ります。

　企業の価値創造の源泉である人財のパフォーマンス最大化も，重要な課題のひとつです。そのため当社グループは，仕事に対する社員の意識や仕事の質のスタンダードを向上させていく仕組み・制度の整備を進めています。当社グループでは，働く人の心身のコンディションを最高の状態にすることが最大のパフォーマンスにつながり，働く人自身とその家族の幸せにつながると考えており，2018年6月に当社代表取締役社長（現代表取締役会長）の川邊健太郎が健康宣言を行っております。これらの取り組みの結果，当社および子会社のヤフー（株）は2023年3月に経済産業省および日本健康会議による「健康経営優良法人2023（大規模法人部門）」，通称「ホワイト500」に認定されました。特にヤフー（株）は，2017年より7年連続で同認定を受けています。今後も，全ての社員が心身とも

に最高の状態で仕事に向き合えるような環境整備に，継続して取り組んでまいります。

2　サステナビリティに関する考え方及び取組

文中の将来に関する事項は，当連結会計年度末現在において，当社グループが判断したものです。

1.　サステナビリティ全般 ··

(1)　ガバナンス ··

当社グループは，自らの社会的責任を果たし，社会・環境の持続的な発展を目指すために，代表取締役社長を最終責任者としグループ CFO をオーナーとする「ESG推進コミッティ」を設置しています。「ESG推進コミッティ」では，各グループ会社の CSR推進部門，コーポレート部門，事業部門と連携し，重点課題（マテリアリティ）や ESG施策を推進しています。

「ESG推進コミッティ」のオーナーであるグループ CFO は，ESG関連課題にコミットし，代表取締役社長と定期的に会合を持ち，必要に応じ最高経営会議・取締役会等に提言を行っています。また，独立社外取締役で構成された「ガバナンス委員会」においても，「ESG推進コミッティ」で検討・審議された課題への対応方針等を確認し，取締役会への報告を行っています。さらに当社は，代表取締役社長が委員長をつとめ，専務執行役員，常務執行役員等で構成されるリスクマネジメント委員会に連なる組織として，「環境分科会」および「人権分科会」を設置しています。これらの分科会では，グループ各社の環境・人権責任者が委員に就任し，当社グループとしての方針・施策検討や，グループ各社における施策の推進等を進めています。また，役員報酬にサステナビリティ評価（社会的貢献の達成度等）を組み込むことで，ESG推進における経営層の関与の深化を図っています。

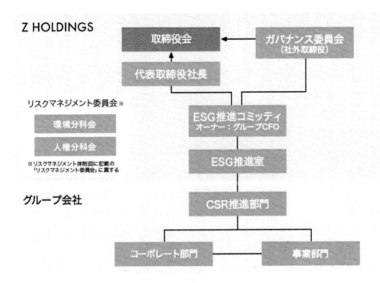

Z HOLDINGS

```
                    取締役会  ◀────  ガバナンス委員会
                                         (社外取締役)
                    代表取締役社長

リスクマネジメント委員会※
                              ESG推進コミッティ
  環境分科会                  オーナー：グループCFO

  人権分科会
                                  ESG推進室
※リスクマネジメント体制図に記載の
 「リスクマネジメント委員会」に属する
                                 CSR推進部門
  グループ会社


         コーポレート部門              事業部門
```

(2) 戦略 ···

　当社グループは，「UPDATE THE WORLD-情報技術のチカラで，すべての人に無限の可能性を。」をミッションとしています。私たちは事業を通じて社会にポジティブなインパクトをもたらすと共に，地球環境や人権等を含めた社会課題に向き合い，未来世代に責任を持ったサステナビリティ経営を推進していきます。推進にあたって，以下のサステナビリティ基本方針と6つのマテリアリティ（重要課題）を定めています。

1. サステナビリティを社会，事業の両軸で捉え推進する
2. グループ各社の特性を活かしながら，一丸となってサステナビリティに取り組む
3. 前例に捉われずにチャレンジし，イノベーションを継続的に生む努力をする

① **マテリアリティ策定プロセス**

　当社グループは，誰もが安心して「もっと自由に」「もっと自在に」インターネットのチカラを利活用できる未来を，ステークホルダーと共に創っていく意志を持っ

て，重点課題（マテリアリティ）を策定しています。

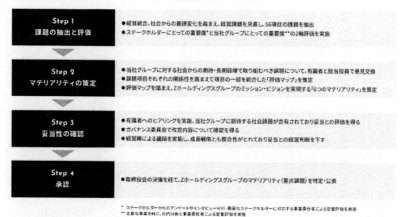

Step 1 課題の抽出と評価	●経営統合、社会からの要請変化を踏まえ、経営課題を見直し、56項目の課題を抽出 ●ステークホルダーにとっての重要度*と当社グループにとっての重要度**の2軸評価を実施
Step 2 マテリアリティの策定	●当社グループに対する社会からの期待・長期目線で取り組むべき課題について、有識者と担当役員で意見交換 ●課題項目それぞれの関係性を踏まえて項目の一部を統合した「評価マップ」を策定 ●評価マップを踏まえ、Zホールディングスグループのミッション・ビジョンを実現する「6つのマテリアリティ」を策定
Step 3 妥当性の確認	●有識者へのヒアリングを実施、当社グループに期待する社会課題が含有されており妥当との評価を得る ●ガバナンス委員会で改定内容について確認を得る ●経営陣による議論を実施し、成長戦略とも整合性がとれており妥当との経営判断を下す
Step 4 承認	●取締役会の決議を経て、Zホールディングスグループのマテリアリティ（重点課題）を特定・公表

* ステークホルダーからのアンケートやインタビュー分析、最重要なステークホルダーに対応する事業責任者による定量評価を実施
** 主要な事業を中心に、社内分析と事業責任者による定量評価を実施

② 評価マップ

　ステークホルダーの期待と，当社内での分析を踏まえ，GRIスタンダード，主要な ESG 評価項目等を参考に，社会からの要請に照らして自社の活動を整理し，ステークホルダーと当社の双方にとって重要性の高い項目を抽出しました。

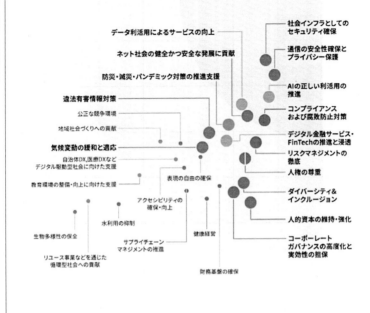

ステークホルダーにとっての重要性

データ利活用によるサービスの向上

ネット社会の健全かつ安全な発展に貢献

防災・減災・パンデミック対策の推進支援

違法有害情報対策

公正な競争環境

地域社会づくりへの貢献

気候変動の緩和と適応

自治体DX,医療DXなど
デジタル駆動型社会に向けた支援

教育環境の整備・向上に向けた支援

表現の自由の確保

アクセシビリティの
確保・向上

水利用の抑制

生物多様性の保全

サプライチェーン
マネジメントの推進

健康経営

リユース事業などを通じた
循環型社会への貢献

財務基盤の確保

社会インフラとしての
セキュリティ確保

通信の安全性確保と
プライバシー保護

AIの正しい利活用の
推進

コンプライアンス
および腐敗防止対策

デジタル金融サービス・
FinTechの推進と浸透

リスクマネジメントの
徹底

人権の尊重

ダイバーシティ&
インクルージョン

人的資本の維持・強化

コーポレート
ガバナンスの高度化と
実効性の担保

当社グループにとっての重要性

③ 特定マテリアリティ

　評価マップを踏まえ，当社グループのミッション・ビジョンを実現する「6つの
マテリアリティ」を特定しました。

分類	特定マテリアリティ	説明	詳細マップとの関係
事業基盤	データ/AIを活用した新たな体験(WOW!)の提供	ユーザーファーストの理念のもと、人々や社会の課題を情報技術で解決していくことが、Zホールディングスグループの使命です。データ/AIを活用し、「日本・アジアから世界をリードするAIテックカンパニー」として成長し、便利で感動的なユーザー体験を提供し続けることを目指していきます。	・AIの正しい活用の推進 ・デジタル金融サービス・FinTechの推進と浸透 ・データ利活用によるサービスの向上
	安心・安全なデジタルプラットフォームの運営	情報の利活用における「安心・安全」は、最優先されるべき、プラットフォーマーの責任です。こうした認識をもとに、Zホールディングスグループは、誰もが、いつでもつながるサービスの利便性を確保すると同時に、通信の秘密・情報セキュリティを確保・強化しながら、中長期的な視点で安心・安全なITサービスを提供し続けていきます。	・通信の安全性確保とプライバシー保護 ・ネット社会の健全かつ安全な発展に貢献 ・違法有害情報対策 ・社会インフラとしてのセキュリティ確保 ・アクセシビリティの確保・向上 ・公正な競争環境 ・表現の自由の確保
	しなやかで強靭な社会基盤の構築	Zホールディングスグループは、防災・減災・パンデミック対応をはじめ、自治体DX、医療DX、オンライン教育、リユースによる循環型社会の実現など、デジタル駆動によるしなやかで強靭（レジリエント）社会基盤の構築に向けて、すべての人々にデジタル技術による恩恵が行き渡ることを目指し「誰一人取り残さない」という決意のもと、事業及び支援活動を続けていきます。	・防災・減災・パンデミック対策の推進支援 ・自治体DX,医療DXなど、デジタル駆動型社会に向けた支援 ・地域社会づくりへの貢献 ・教育環境の整備・向上に向けた支援 ・リユース事業などを通じた循環型社会への貢献
	人財の強化	AI人財をはじめとした多様な価値を生み出す人財の育成・強化は、Zホールディングスグループの競争力の源泉です。こうした考えをもとに、従業員ひとりひとりの心身の健康とパフォーマンスを引き出す働き方の実現、Well-beingの向上に取り組んでいきます。	・人的資本の維持・強化 ・ダイバーシティ&インクルージョン ・健康経営 ・人権の尊重
	未来世代に向けた地球環境への責任	Zホールディングスグループは、環境負荷の低減や生態系に配慮することは、未来世代への重要な責任と考えます。ITのチカラを活用し、Zホールディングスグループ及びサプライチェーンと共に電力の再エネ化など脱炭素社会の実現をめざしています。また、これら自然資本への配慮を、社会の幅広いステークホルダーの皆様と連携を深める事業機会としても捉え、チャレンジし続けていきます。	・気候変動の緩和と適応 ・サプライチェーンマネジメントの推進（スコープ3管理等） ・水問題の抑制 ・生物多様性の保全
サステナビリティ	グループガバナンスの強化	日本国内最大規模かつ世界に向けたITサービスを提供する会社へと進化したZホールディングスグループにとって、グループガバナンスの強化は、経営の最重要課題の一つです。グループ全体最適をもたらす意思決定という「規律」と、グループ会社間のシナジー創出という「協調」を視野に世界最高水準のガバナンス体制を構築し、さらに強化していきます。	・人権の尊重 ・サプライチェーンマネジメントの推進 ・リスクマネジメントの徹底 ・コンプライアンスおよび腐敗防止対策 ・コーポレートガバナンスの高度化と実効性の担保 ・財務基盤の確保

④ サステナビリティに関するリスクと機会

　当社は，グループ各社の重要なリスク等を考慮の上リスクカテゴリーを設定し，サステナビリティに関するリスクを含め網羅的にリスクを捉えています。内部環境や外部環境の分析，経営層や実務責任者による認識を踏まえ，特に重要度が高いリスクをグループトップリスクと位置づけています。グループトップリスクは，環境変化等による影響を考慮しながら適宜見直し，優先度をつけて対応策を実行し，進捗のモニタリングを行っています。リスクカテゴリーおよびグループトップリスクは「3事業等のリスク」をご参照ください。なお，当社ならびに中核完全子会社である LINE（株）およびヤフー（株）を中心に2023年10月1日を効力発生日としてグループ内再編を予定しており，機会については新会社における経営戦略とも連動させながら，開示を検討してまいります。その他，気候変動に関するリスクと機会については，サステナビリティに関する考え方及び取組内の「3.気候変動に対する取り組み」をご参照ください。

(3) リスク管理 ……………………………………………………………………

　当社は，リスクマネジメント最高責任者を代表取締役社長としたリスクマネジメント体制を構築し，リスクの特定，分析，評価，対応等の ERM プロセスを円滑に実施することにより，リスクの低減，未然防止等を図っています。

　リスク管理の詳細は「3 事業等のリスク」をご参照ください。

(4) 指標と目標 ……………………………………………………………………

　当社グループは特定したマテリアリティ毎に「実現に向けた取り組み」と「評価指標」※をまとめました。今後も評価指標の実績や具体的な事例等，サステナビリティサイトにおいて開示の拡充に努めます。「実現に向けた取り組み」と「評価指標」は，事業環境や社会情勢の変化に応じて UPDATE していきます。ステークホルダーの皆さまとの対話を続けながら，インターネットのチカラを利活用できる未来の実現に向けて努めてまいります。なお，当社ならびに中核完全子会社である LINE（株）およびヤフー（株）を中心に 2023 年 10 月 1 日を効力発生日としてグループ内再編を予定しており，目標に関しては新会社における経営戦略とも連動させながら，開示を検討してまいります。

※　「評価指標」は取り組みの進捗をグループ内で把握し，更なる施策を検討する目的で設定しているため非開示情報を含みます。

※　主な開示実績は以下サイトよりご覧ください。
　　https://www.z-holdings.co.jp/sustainability/stakeholder/01/#anc6

① データ／AI を活用した新たな体験（WOW/!）の提供

　便利で感動的なユーザー体験は，新たな機能や優れた UI/UX の提供に加え，データ /AI を駆使したアプローチから生まれます。当社の存在意義は，多様なサービスのクロスユースを促進し，データ連携によりデータの質を高めた上で AI 解析を行うという手順を効果的に繰り返し，新たな体験を生み出すことにあります。そのために体制構築・技術投資・教育等を推進してまいります。

実現に向けた取り組み	評価指標
データ連携の推進とクロスユースの促進	・国内総利用者数 ・Yahoo! JAPANログインユーザーID数 ・LINE月間アクティブユーザー数 ・PayPay累計登録者数 ・グループID連携率 ・PayPayとヤフーショッピングのクロス利用者数 ・クロスユース率
データAI活用方針と体制の構築(UPDATE)	・AI倫理基本方針の適切な内容への見直し ・取り組みに向けた体制のUPDATE
AIのサービス開発促進に向けた技術投資・教育の推進	・パテントスコア(特許の注目度を指標化) ・AI領域の出願件数 ・技術投資内容(金額・概要) ・AIモデルリリース数 ・トップカンファレンス論文採択数 ・データガバナンスEラーニング受講率

② **安心・安全なデジタルプラットフォームの運営**

　安心・安全な ITサービスの提供は，社会のニーズであり，信頼，評価につながります。そのためには，事故ゼロを目指したグループ横断的な教育の実施が不可欠であると考えます。また，デジタルプラットフォーマーとしての責任として健全な運用の仕組みを構築し，その取り組み内容を透明性を持って開示してまいります。

実現に向けた取り組み	評価指標
健全な運用の仕組みを構築	[内部統制] ・データプロテクション基本方針(適宜必要な検証と改善)の開示 ・基本方針に基づく実施体制(情報セキュリティマネジメント体制)の更新と開示(DPOの設置等) ・開発工程チェックリストの作成と運用の徹底 ・重要インシデント再発防止策、管理プロセスの構築 ・違法有害情報対策事例の開示 ・メディアサービスにおける表現の自由に関する方針と取り組みの開示 ・透明性レポートの開示 [外部連携] ・有識者からの提言活用 ・省庁等による先進実証や取組みの採択数 ・セキュリティ関連団体との連携体制の更新と開示
セキュリティ・プライバシー保護関連の教育や技術の向上	・セキュリティ・プライバシー関連教育の実施(受講者数、受講率、実施回数) ・Yahoo! JAPANパスワードレスログイン数
セキュリティ関連事故の低減・防止	・セキュリティ関連の第三者認証 ・主要子会社での行政処分や一定の行政指導の件数

③　しなやかで強靭な社会基盤の構築

　不確実が増す世界は，社会のレジリエンスを高める必要に迫られています。デジタライゼーションにより新たな顧客体験の提供や新たな事業価値を創造してきた当社グループは，より長期的，より広い視野に立ち，社会基盤の構築に貢献していきたいと考えます。そのために，「防災・減災と復興支援」「3R推進」「DX推進」「情報格差の是正」を重点領域とし，社会と連携して取り組んでまいります。

実現に向けた取り組み	評価指標
情報技術を活用した防災・減災の推進と復興時までの社会支援	・自治体との支援協定数による人口カバー率 ・寄付額・寄付件数，助成額・助成件数 ・防災関連の情報提供サービス数
リデュース・リユース・リサイクル(3R)の推進	・リユース事業取扱高 ・環境省等実証事業への採択 ・紙リサイクル
DX推進	・LINE公式アカウント数 ・PayPay累計登録者数 ・PayPay加盟店数 ・自治体連携数 ・産学連携数 ・オンライン行政手続き導入自治体数
サービスの継続提供と情報格差是正に向けた社会的アプローチを推進	・BCP関連指標(BPO，RTO，RLO等)によるマネジメント ・情報モラル教育(児童・生徒・保護者，教員)，デジタルデバイド対策(高齢者) 上記リテラシー向上プログラムそれぞれの受講者・採用自治体の人口カバー率

④　人財の強化

　「採用」「多様性」「学び・経験」「Well-being」という4つの視点から，人財の育成・強化に取り組み，新たな価値創造，成長戦略の実現に貢献してまいります。

実現に向けた取り組み	評価指標
各社・グループの成長戦略実現に寄与する採用・人財獲得の推進	・新卒採用人数 ・中途採用人数 ・新規採用男女比率
新たな価値創出につながる多様性の確保	・男女管理職比率、男女管理職登用人数比率 ・外国人比率 ・障がい者雇用率 ・男女の平均年間給与(中央値)比率 ・育児休業取得率(男女)
学び・経験機会の創出	・研修時間 ・研修費用 ・アカデミア活用満足度 ・AIアカデミア累計受講者数等 ・TECH系研修時間、費用、累計受講者数等
Well-beingの向上	・健康診断受診率 ・ストレスチェック受験率 ・ハラスメントチェック受講率 ・有給休暇取得率 ・新しい働き方の浸透度(在宅勤務利用者数等)

⑤ **未来世代に向けた地球環境への責任**

事業活動にともなう環境負荷の低減，廃棄物対策，水資源，生物多様性の保全に取り組み，国際環境イニシアチブに賛同し国際社会と協調した中長期的目標を定め地球環境対策を推進します。

実現に向けた取り組み	評価指標
気候変動への取り組み(脱炭素) 　スコープ1＆2：CO2排出量を2030年度までに実質ゼロ(RE100コミットメントの履行) 　スコープ3：2050年ネットゼロの達成(SBT ネットゼロスタンダード)を念頭にスコープ3の把握と削減に取り組みSBT認定を目指す	・スコープ1＆2のCO2排出量 ・スコープ3のCO2排出量 ・スコープ3カバレッジ
自然資本の持続的な活用への取り組み 　資源循環：廃棄物リサイクルの取り組み推進 　水資源　：水資源枯渇エリアでの使用量把握、水利用表示項目の向上	・リサイクル率 ・売上あたり廃棄物量 ・売上あたりの水使用量
環境領域への継続的な投資	・再エネ電力調達(再エネプラン、非化石証書、グリーン電力証書費) ・環境投資額 ・ふるさと納税を通した地域カーボンニュートラル投資 ・グリーンボンドおよびソーシャルボンド発行による調達金額

⑥ **グループガバナンスの強化**

　業界・事業のスピード・成長に合わせた当社らしいグループガバナンスの体制を構築・向上させてまいります。特に人権やデータガバナンス等，中長期にわたる継続的な取り組みが必要な領域は，リスクマネジメント委員会（分科会）を中心に，取り組みを推進していきます。また，コーポレート・ガバナンスの強化を目的として取締役会の実効性をさらに高め，当社グループの企業価値向上を図ることを目指します。

実現に向けた取り組み	評価指標
グローバルな水準のデータガバナンス体制の構築	・データガバナンス分科会の活動実態・充実化 ・データプロテクション基本方針の推進 ・データ領域のグループトップリスクの洗い出し、インシデントの把握
人権に関する基本方針（人権ポリシー）の遵守と推進	・サプライチェーンを含む人権デューデリジェンスの実施
「当社らしさ」のあるコーポレート・ガバナンス体制の構築・向上	・取締役会実効性評価の内容（コーポレート・ガバナンス報告書等での報告） ・情報開示（質・量）の継続的改善 ・企業価値向上（市場・機関投資家、ESG評価機関等からの評価含む） ・外国人/女性取締役比率の向上

2. 人的資本・多様性に対する取り組み

（1）戦略

　AI人財をはじめとした「多様な価値を生み出す人財の育成・強化」は，当社グループの競争力の源泉と考え，「採用（人財獲得）」「多様性」「学び・経験」「Well-being」という4つの視点から，人財の育成・強化を進め，新たな価値創造，成長戦略の実現を目指し取り組んでいます。

　例えば，「学び・経験」の側面では，より多くの学びや経験機会を創出するため，企業内大学「Zアカデミア」や社内のAI人材を育成する「Z AIアカデミア」を開設し，グループ全体のAIに関するナレッジ・実践力の底上げ・人材育成を図ってきました。ヤフー（株）では，複数の技術研修や各種人事制度を通じて優秀なIT人材の採用・育成を行っており，プログラミング未経験の社員へ ITに関する教育を行う取り組みも行っています。2022年11月には，IT人材不足の課題に向き合い，

プログラミング未経験者からエンジニアへのリスキリングを支援する「Yahoo!テックアカデミー」も開設しました。また LINE（株）では，LINE 流のプロダクトの作り方やチームで働くことを体感するプログラムとして職種横断のハッカソン型のプロダクト開発を実施しています。

　また，従業員ひとりひとりの心身の健康とパフォーマンスを引き出すための多様な働き方の実現や Well-being の向上にも積極的に取り組んでいます。

　その結果，当社は，経済産業省および日本健康会議による「健康経営優良法人2023（大規模法人部門）」通称「ホワイト 500」に 5 年連続で認定を受けています。

　これらの方針の実現を進めるにあたっては，「採用・人財獲得」「多様性」「学び・経験」「Well-being」4 つの視点から，それぞれ評価すべき指標を特定し，その状況をモニタリングしています。

（2）　指標と目標

実現に向けた取り組み	評価指標		2021年度※
各社・グループの成長戦略実現に寄与する採用・人財獲得の推進	新卒採用人数		553名
	中途採用人数		2,221名
	新規採用男女比率	女性	34.7%
		男性	65.3%
新たな価値創出につながる多様性の確保	男女管理職比率	女性	21.9%
		男性	78.1%
	男女管理職登用人数比率	女性	27.4%
		男性	72.6%
	外国人比率		19.0%
	障がい者雇用率		2.1%
	男女の平均年間給与（中央値）比率		1.21:1
	育児休業取得率（男女）	女性	100%
		男性	41.8%
学び・経験機会の創出	従業員一人あたりの研修時間		37時間
	従業員一人あたりの研修費用		132,358円

---

point　生産及び販売の状況

　生産高よりも販売高の金額の方が大きい場合は，作った分よりも売れていることを意味するので，景気が良い，あるいは会社のビジネスがうまくいっていると言えるケースが多い。逆に販売額の方が小さい場合は製品が売れなく，在庫が増えて景気が悪くなっていると言える場合がある。

	健康診断受診率	91.6%
	ストレスチェック受験率	86.1%
Well-beingの向上	ハラスメントチェック受講率	79.4%
	有給休暇取得率	64.4%
	新しい働き方の浸透度(テレワーク利用者数等)	91.0%

※ 2021年度の集計数値となります。2022年度数値は2023年6月末日までにサステナビリティサイトにて公開予定です。
https://www.z-holdings.co.jp/sustainability/stakeholder/esg/#anc2

　当社ならびに中核完全子会社であるLINE（株）およびヤフー（株）を中心に2023年10月1日を効力発生日としてグループ内再編を予定しており，今後の方針や指標ならびに目標に関しても，改めて新会社における経営戦略とも連動させながら，見直しを進めていくこととしています。

3. 気候変動に対する取り組み
（1）　ガバナンス

　当社グループは取締役会の監督のもと，代表取締役社長が最終責任者となり，グループCFO（最高財務責任者）をオーナーに任命した「ESG推進コミッティ」を設置し，気候変動対応・水資源の保全・生物多様性保全・資源循環社会の構築等を推進しています。「ガバナンス委員会」においても，「ESG推進コミッティ」で検討・審議された環境課題への対応方針等を確認し，取締役会への報告を行っています。環境領域は全社ERMの観点からも重要な領域と認識し，リスクマネジメント委員会に連なる「環境分科会」を2022年に発足し，気候変動に伴う大規模自然災害，感染症の拡大等のリスクを想定し，環境負荷，環境影響へのリスクアセスメントを実施しています。経営リスクを分析するリスクマネジメント委員会と連携し，グループのESG推進に取り組んでいます。

　気候変動対策への取り組みは，重要な経営課題と認識しておりマテリアリティ（未来世代に向けた地球環境への責任）に特定しています。また，「環境基本方針」を制定しています。
＜環境基本方針＞

　私たちZホールディングスおよびZホールディングスのグループ会社で構成さ

(point) **対処すべき課題**

　有報のなかで最も重要であり注目すべき項目。今，事業のなかで何かしら問題があればそれに対してどんな対策があるのか，上手くいっている部分をどう伸ばしていくのかなどの重要なヒントを得ることができる。また今後の成長に向けた技術開発の方向性や，新規事業の戦略についての理解を深めることができる。

れる Zホールディングスグループは，情報技術の活用により，未来世代に向けた地球環境保全への取り組みを継続的に実践します。

1. 脱炭素社会の実現

    環境負荷低減の中期目標を設定し，その達成に向けサプライチェーンと共に取り組みます

2. 自然資本の保全

    ・事業による生態系への影響に配慮し，持続可能な調達，廃棄物対策および水資源・生物多様性の保全に努めます

    ・地球環境保全の取り組みを支援します

3. 法令遵守と国際的責任の遂行

    ・環境問題を重要視し，リスク低減に努めます

    ・環境保全に関わる国内法令を遵守します

    ・国際環境イニシアチブに賛同し，国際社会と協調して気候変動対策に取り組みます

4. サービスを通じた，社会との連携

    ・気候変動にともなう自然災害に対して，自治体との連携や防災・減災サービスなどを通じ社会と連携します

    ・持続可能な社会の実現に向け，循環型サービスを拡充します

5. 未来を創る，教育・啓発活動

    社員の一人ひとりが，環境問題の重要性を理解し，環境に配慮したサービスの改善やイノベーションの創出ができるよう，教育・啓発活動を行います

(2)　戦略 ……………………………………………………………………

　気候変動は重要な経営課題と認識しておりマテリアリティ（未来世代に向けた地球環境への責任）に特定しています。実現に向けて ITのチカラを活用し，当社グループおよびサプライチェーンと共に電力の再エネ化等脱炭素社会の実現をめざしていきます。また，これら自然資本への配慮を，社会の幅広いステークホルダーの皆様と連携を深める事業機会としても捉え，チャレンジし続けていきます。

緩和へ向けた移行計画：

　当社グループはグループ全社の事業活動での温室効果ガス排出量を2030年度までに実質ゼロにする「2030カーボンニュートラル宣言」を2022年2月に発表しました。データセンターで利用する電力を再生可能エネルギーに切り替える等，100％再生可能エネルギー化に取り組んでいます。2030年度の達成に向けて，まずは2025年度頃までに，80％以上を再生可能エネルギー化し，その後の5年間で100％再生可能エネルギー化および電気自動車の導入を進めます。

短期・中期・長期のリスクと機会：

　気候変動に伴うリスクや機会は，事業戦略に大きな影響を及ぼすものと認識し，2020年6月にTCFD（Task Forceon Climate-related Financial Disclosures）賛同表明を行いました。TCFD提言を参照し，短期：2022〜2025年，中期：2025〜2030年，長期：2030〜2050年，と期間を区切って特定し，短期・中期・長期のリスクと機会を分類し開示しています。

(point) **事業等のリスク**

　「対処すべき課題」の次に重要な項目。新規参入により長期的に価格競争が激しくなり企業の体力が奪われるようなことがあるため，その事業がどの程度参入障壁が高く安定したビジネスなのかなど考えるきっかけになる。また，規制や法律，訴訟なども企業によっては大きな問題になる可能性があるため，注意深く読む必要がある。

リスクと機会

TCFD提言に基づくリスクと機会の分類			想定される主なリスクと機会 ● は重要度が高い項目	時間軸
リスク	移行リスク	法や規制に関するリスク	● 炭素税・排出量取引の開始 <当社グループのリスク> ・炭素税や排出量取引の導入によるコスト増加	短～中期
		テクノロジーリスク	電力・エネルギー価格の推移 <当社グループのリスク> ・火力発電廃止に伴う電力不足や電力価格の高騰に伴うコスト増加	短～中期
			消費電力・エネルギーの増加 <当社グループのリスク> ・消費電力やエネルギーが増えることによるコスト増加 ・非常用電源の必要性が高まることによるコスト増加 ・車両の脱炭素化に伴うコスト増加	短～中期
		市場リスク	● ビジネス自粛や消費者心理の冷え込み <当社グループのリスク> ・特に広告領域における売上減少 ・コマース領域をはじめ個人購買行動の減少 ・イベント中止の頻発による売上減少	短～中期
			顧客の行動変化 <当社グループのリスク> ・生活必需品等における正常な流通がなされなくなるリスク ・プラットフォーマーとしてのオペレーションコスト増加	短～中期
		レピュテーションリスク	気候変動対策への遅れ <当社グループのリスク> ・ステークホルダーからの信頼低下とブランド力の低下 ・取引先対象として選定される機会低下に伴う売上減少 ・気候変動意識が高い将来世代の人財獲得の困難化	短期
			気候変動対策に遅れている企業との取引 <当社グループのリスク> ・ステークホルダーからの信頼低下とブランド力の低下 ・該当する企業との取引停止に伴う売り上げ減少	短期
	物理的リスク	急性リスク	● 異常気象の激甚化 <当社グループのリスク> ・データセンターのダウンによる機能低下やデータ欠損の発生 ・アクセスの過負荷や集中が発生する頻度の上昇リスク ・事業所やデータセンターの機能停止に伴うサービスの停止 ・事業所やデータセンターの高所または高緯度への移設 ・施設の損壊による改修等に係るコストの発生 ・水冷に頼らないデータセンターの新設 ・物流サービスの停止リスク ・取引先の事業停止リスク	短～中期
		慢性リスク	気候パターンの変化 平均気温の上昇 <当社グループのリスク> ・屋外での活動を低下または停止せざるをえないリスク ・メディア等主要サービスの人員分散化 ・傷病者の増加による業務遂行への影響 ・通勤規制による業務遂行への影響 ・サプライチェーン調達コストの上昇 ・生活に適した地域の地価高騰 ・水利用に関する上流下流の追跡、確認 ・災害BCPの強化	中～長期

TCFD提言に基づくリスクと機会の分類		想定される主なリスクと機会　● は重要度が高い項目	時間軸
機会	資源効率	● 技術革新 <当社グループの機会> ・省エネ、水利用量の削減、廃棄物処理等資源効率の向上によるコスト削減	長期
		● 環境配慮 <当社グループの機会> ・物流における輸送配送手段および梱包資材のエコ化促進	短～中期
	エネルギー	技術革新 <当社グループの機会> ・発電系の事業推進 ・自社での再生可能エネルギーの確保	長期
	製品とサービス	ビッグデータ <当社グループの機会> ・ビッグデータ/IT×気候変動ビジネス ・ビッグデータ/IT×生物多様性 ・ビッグデータ/IT×在宅医療サービス等 ・既存のインターネットサービス×気候変動対策機能の提供 ・データやAIを活用した、在庫適正化や在庫廃棄の削減・個人情報法制の改定によるレコメンド精度向上	中期
		サプライチェーン <当社グループの機会> ・サプライチェーンにおける自前領域の拡大 ・水資源の確保と販売 ・グループのスケールメリットを活かした取組結果としてのCO_2排出量削減	中期
		● サービス <当社グループの機会> ・コマースにおける売れ筋の変化 ・災害対応サービスの強化 ・環境に優しい企業からの広告出稿増加 ・回収スキームを実現した新たな資源循環型サービスの構築	短～中期
	市場	技術革新 <当社グループの機会> ・労働力の機械化 ・イベントのバーチャル化 ・気候変動に左右されない農作物育成と販売、またはその支援 ・地下開発の進展	長期
		● ライフスタイル <当社グループの機会> ・保険（生保、損保）ビジネスの需要増 ・健康経営 ・コマースでの宅配需要の増加 ・募金や寄付等、メディアを通じた社会貢献	短～中期
		行動変容 <当社グループの機会> ・気候変動対策が盛り込まれた商品やサービスを選択する購入者層の獲得 ・人のつながりを大切にする文化 ・居住地域の流動化 ・地域のリスク分析ビジネス ・室内での活動を中心とする生活	中～長期
	レジリエンス	事業の安定稼働 <当社グループの機会> ・多岐にわたるサービスによる事業の安定化	短～中期

戦略のレジリエンス:

　メディア事業，コマース事業，Fintech事業等，多様なインターネットサービスを展開する当社グループでは，データセンター，オフィス，物流センター等において事業を運営するための電力を使用しています。特に，データセンターによる消費電力量は当社グループ全体の90%以上を占めていることからも，データセンターの効率性向上と再生可能エネルギー化がリスク回避につながると考えます。カーボンニュートラルに向けた取り組みを加速することを目的に，環境問題の解決に貢献する事業に対する資金調達手段として，2021年国内インターネットセクターにおいては初となるグリーンボンドを発行しました。調達された資金(200億円)は，当社グループで利用するエネルギー効率の高い(PUE1.5未満)データセンターの建設や改修等，データセンターへの投資およびデータセンター運営に必要な再生可能エネルギーの調達資金に充当しています。早期にカーボンニュートラル化を達成することで移行リスクによる炭素税の負担を回避できるものと考えます。

(3)　リスク管理 ....
リスクを特定するプロセス:

　当社グループとしてのリスクと機会は，マテリアリティを特定していく議論の中で，グループ各社各部門が事業・サービスの特性に応じた検討内容から抽出し，有識者と担当役員を交えた意見交換によるブラッシュアップを経て，ガバナンス委員会での確認と取締役会での決議をもって策定しています。併せて，ERMの観点から当社グループの各社で気候変動に伴うリスク分析を行い，気候変動をグループの重点リスクと位置づけました。

シナリオとメソドロジー:

　シナリオ分析は，国際的な認知度や信頼性を考慮し，国際エネルギー機関(IEA：International Energy Agency)および国連気候変動に関する政府間パネル(IPCC：Intergovernmental Panel on Climate Change)が策定したシナリオを参照しています。産業革命以前からの気温上昇を+1.5℃以内に抑えるシナリオとして NZE (Net Zero Emissionsby2050) と SSP1-1.9を，+2℃相当のシナリオとして

APS（Announced Pledges Scenario）と SSP1-2.6 を，＋4℃を上回るシナリオ
として STEPS（Stated PoliciesScenario）と SSP5-8.5 を用いました。

（4） 指標と目標 ···

　当社グループは持続可能な社会の実現に向けて，気候変動問題への取り組みを
推進するとともに，「緩和」と「適応」の両面から目標を定め，取り組んでいます。
「緩和」面では，気候変動や地球温暖化の原因となっている温室効果ガス（GHG）
の排出削減に向けて，様々な取り組みを行っています。「適応」面では，温暖化傾
向が当面続くことを見越した対応を実施しています。中でも激甚化している災害
への対応は，重点領域と定めて取り組んでおり，事業のBCP対応とともに進めて
います。

気候変動の「緩和」に関する目標：

　2030年度までに，GHGプロトコルのスコープ1およびスコープ2における
CO2排出量の実質ゼロを実現（t-CO2）

気候変動への「適応」に関する目標：

　2025年度までに，災害協定を締結している自治体人口カバー率90％（2022
年度98.3％達成済）マテリアリティ（未来世代に向けた地球環境への責任）に関
する評価指標と主な実績を開示しています。

実現に向けた取り組み	評価指標	2021年度※
気候変動への取り組み(脱炭素) 　スコープ１＆２：CO2排出量を2030年度までに実質ゼロ (RE100コミットメントの履行) 　スコープ３：2050年ネットゼロの達成(SBT ネットゼロスタンダード)を念頭にスコープ３の把握と削減に取り組みSBT認定を目指す	スコープ１＆２のCO2排出量	142,063 t-CO2
	スコープ３のCO2排出量	2,743,708 t-CO2
	スコープ３カバレッジ	69.3%
自然資本の持続的な活用への取り組み 　資源循環：廃棄物リサイクルの取り組み推進 　水資源　：水資源枯渇エリアでの使用量把握、水利用表示項目の向上	リサイクル率	82.9%
	売上あたり廃棄物総排出量 (t/百万円)	0.018
	売上あたり水消費量 (m3/百万円)	0.386
気候変動への取り組み(脱炭素) 　スコープ１＆２：CO2排出量を2030年度までに実質ゼロ (RE100コミットメントの履行) 　スコープ３：2050年ネットゼロの達成(SBT ネットゼロスタンダード)を念頭にスコープ３の把握と削減に取り組みSBT認定を目指す	環境投資額	47億5,150万円
	グリーンボンドおよびソーシャルボンド発行による調達金額	200億円

※　2021年度の集計数値となります。2022年度数値は2023年6月末日までにサステナビリティサイトにて公開予定です。

　　https://www.z-holdings.co.jp/sustainability/stakeholder/esg/#anc1

TCFD参照表：

　TCFD提言に基づく気候変動関連情報の開示に努めています。

　当社サステナビリティサイトのTCFD参照表をご覧ください。

　https://www.z-holdings.co.jp/sustainability/stakeholder/gri/#anc3

3　事業等のリスク

　Ｚホールディングス（株）（以下，当社という。）および子会社・関連会社（以下，グループ会社という。また，当社と併せて，当社グループという。）は，持株会社である当社がグループ会社を統括して管理する一方，グループ会社が，国内外において多岐にわたる事業を展開しています。これらの企業活動の遂行には様々なリスクを伴います。2023年3月31日現在において，投資家の投資判断に重要な

影響を及ぼす可能性がある主なリスクは以下のとおりです。なお，これらは当社グループで発生し得る全てのリスクを網羅しているものではありません。また，将来に関する事項については別段の記載のない限り，2023年3月31日現在において判断したものです。

・リスクマネジメント体制

　当社は，リスクマネジメント最高責任者を代表取締役社長としたリスクマネジメント体制を構築し，リスクの特定，分析，評価，対応等のERMプロセスを円滑に実施することにより，リスクの低減，未然防止等を図っています。また，2023年4月より，Co-CEO体制から単独CEO体制へ移行しています。

　グループ全体のリスクマネジメントの基本方針は取締役会で決定します。取締役会で決定された基本方針に基づき，リスクマネジメント委員会，リスクマネジメント統括組織，特定リスク所管部門等からなる執行機関でERM体制を構築し，各グループ会社とも連携することでグループ全体によるリスクマネジメント活動を推進しています。また，特にリスクの高いサイバーセキュリティや金融事業，人権，環境等の課題については，委員会の下に当社グループの企業で構成する「データガバナンス分科会」，「アンチマネーローンダリング分科会」，「人権分科会」，「環境分科会」を設置し，グループ会社横断のリスクマネジメントを行っています。

Zホールディングスのリスクマネジメント体制

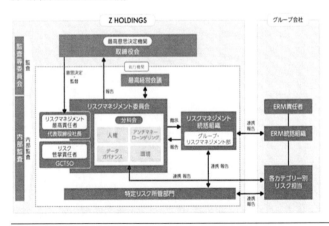

・リスクマネジメントプロセス

　リスクマネジメントに関する規程に基づき，グループ各社におけるERM活動を推進するとともに，リスクマネジメント委員会や各種分科会における活動を実施しています。また，当社グループにおけるリスクを網羅的に捉えるべくリスクカテゴリーを設定し，内部環境や外部環境の分析，経営層や実務責任者による認識を踏まえ，特に重要度が高いリスクを「グループトップリスク」と位置づけています。「グループトップリスク」は，環境変化等による影響を考慮しながら適宜見直し，優先度をつけて対応策を実行し，進捗のモニタリングを行います。

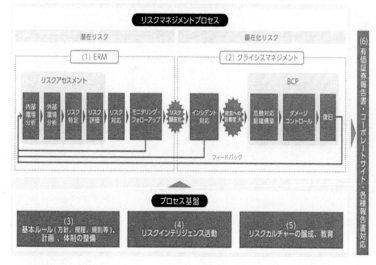

・リスクカテゴリー

「戦略系リスク」

リスクカテゴリー	概要
事業戦略リスク	組織の事業戦略および戦略目標に影響を与える、またはそれらによって生じるリスク

「非戦略系リスク」

リスクカテゴリー	概要
市場リスク	様々な市場のリスク・ファクターの変動により財務的影響を被るリスク
信用リスク	信用供与先の財務状況の悪化等により財務的損失を被るリスク

流動性リスク	必要な資金が確保できず資金繰りがつかなくなるリスク、または通常より著しく高い金利での資金調達を余儀なくされるリスク
システムリスク	システムダウン又は誤作動、不備等に伴い損失を被るリスク
情報セキュリティリスク	情報システムやデータの破損および改ざん、または情報漏洩等で損害を受けるリスク
コンプライアンスリスク	社内規程や企業行動憲章に反する行動により影響を被る・訴訟に巻き込まれるリスク
法令リスク	各種取引上の契約等における順守違反や契約違反等に伴い罰則適用や損害賠償の影響を被るリスク、ZHDグループ企業もしくは従業員が法令違反を犯すリスク
金融犯罪・マネーローンダリングリスク	サービスがマネーローンダリングに利用されるリスク、またはマネーローンダリング対策の不手際により監督官庁から指摘を受けるリスク
投資リスク	企業間の投融資、M&Aにおいて投資した資産の価値が変動し影響を被るリスク
経済安全保障リスク	事業に関連する特定の国や地域の政治・経済・社会情勢等の変化により影響を被るリスク
環境・社会リスク	事業が環境や社会に悪影響を与えてしまうリスク、または外的な社会環境の影響により事業が影響を被るリスク
コーポレートガバナンスリスク	自社又はグループ会社における重要な意思決定に関するガバナンスの枠組みが十分に整備されず、自社およびグループにおいて適時適切な意思決定が行われないリスク
内部統制リスク	社内の統制が不十分で適正な業務遂行が行えないリスク、過剰な統制を敷くことにより事業スピードを停滞させるリスク
データガバナンスリスク	保有するデータの管理や利活用に関連するリスク
事業継続リスク	自然災害やその他外的要因により事業やサービスの継続提供が困難となるリスク
事務・品質リスク	サービスの運営や維持に必要なオペレーションや設計においてミスが発生する、または提供するサービスや商品において品質管理が行き届かずユーザーに影響を与えるリスク
コンダクトリスク	ZHDグループ企業もしくは従業員が、法令違反ではないものの社会規範や商習慣に反する、またはユーザー視点の欠如した行為を犯すことにより財務的・社会的影響を被るリスク
不正リスク	ZHDグループ企業もしくは従業員が不正を働く、または取引先企業・従業員の不正により財務的・社会的影響を被るリスク
知的財産リスク	知的財産権を侵害する・されるリスク、保有する産業財産権が後日無効化されるリスク、職務発明に関し従業員とトラブルになるリスク
人的リスク	人材リソースに関連するリスク、または従業員の生命・健康を脅かすリスク
レピュテーションリスク	悪評や風評の拡大により影響を被るリスク、またはメディア対応を失敗するリスク
依存リスク	業務運営において特定の外部取引先に過度に依存するリスク、それにより自社におけるノウハウの空洞化が起きるリスク
業務委託リスク	不適切な委託先の選定をするリスク、委託先において事故や不祥事が発生するリスク、偽装請負が発生するリスク
有形資産リスク	有形資産の毀損や執務環境等の質の低下等により損失を被るリスク

・**グループトップリスク**

1. 事業戦略リスク
2. システムリスク
3. 情報セキュリティリスク
4. 経済安全保障リスク
5. コーポレートガバナンスリスク
6. 内部統制リスク
7. データガバナンスリスク
8. 事業継続リスク
9. 人的リスク

1. 事業戦略に関わるリスク ……………………………………………………

（1）市場優位性の失墜，業績悪化のリスク ……………………………………

　当社グループの事業戦略として，中核企業であるLINE（株）およびヤフー（株）を中心とした「検索・ポータル」「広告」「メッセンジャー」を「根幹領域」と定め推進するとともに，特に社会的課題が大きくインターネットでその解決が見込める領域である「コマース」「ローカル・バーティカル」「Fintech（フィンテック）」「社会」の4つを「集中領域」と定め，取り組んでいます。そのうち，社会的な重要度の高い「Fintech（フィンテック）」の領域における戦略投資の一つとして，2022年10月にPayPay（株）を当社の連結子会社としました。さらに，それらの領域にデータやAI技術を掛け合わせることでシナジーを強固に創出するとともに，ユーザーの日常生活，企業活動，そして社会自体をアップデートするサービスを提供していきます。しかしながら，これらのサービスの事業性は，そのユーザー数，利用頻度，収益化能力等に大きく依存しています。さらに，ユーザーの嗜好の変化は激しい為，市場の変動やニーズの的確な把握，ニーズに対応する開発・提供等ができない可能性があります。当社グループはこのような可能性の顕在化を低減させるべく，マーケティング，技術開発および教育への投資，インテリジェンスおよび計数管理の機能強化といった総合的な施策を継続して行っています。また，事業の選択と集中を推進し，グループ内重複事業の集約を推進しています。

(2) 規制や制度変更により事業展開スピードへ影響するリスク ··················

　当社グループのヤフー（株）は，同社が提供するサービスである「Yahoo! ショッピング」および「Yahoo! 広告」について，特定デジタルプラットフォームの透明性および公正性の向上に関する法律に基づき特定デジタルプラットフォーム提供者としての指定を受けています。同法により義務付けられる情報開示や自主的体制の整備に関しては，外部有識者の意見も聴取し，一部は法施行に先行する形で積極的に対応しています。また，ヤフー（株）に加え LINE（株）においても，高い透明性や公正性を意識し，継続的な改善を行っていきます。しかしながら，取組が不十分であると政府から認定され同法に基づく行政措置の対象となった場合や，同法に基づき政府に提出する報告書が低い評価を受け，その評価結果が公表された場合，当社グループに対する取引先および一般ユーザーからの評価や社会的評価が低下する可能性もあります。さらに，デジタルプラットフォームを提供する企業に対して，より一層厳しい規制の対象としていくという諸外国の動向に鑑み，仮に日本国内でも規制が強化され，当社グループ企業がその対象となった場合，当該企業の円滑な事業遂行が困難となる可能性があります。

(3) 合併により期待される効果が得られないリスク ·····························

　当社は，2022 年度後半に入り市場環境が急速に悪化していること，業績を牽引してきた広告収益が急激に減退していること等を踏まえ，グループ経営の意思決定の更なる迅速化を図ることを目的に，2023 年度中を目途に当社・LINE（株）・ヤフー（株）を中心とした合併方針を決定し，2023 年 4 月より Co-CEO 体制から単独 CEO 体制へ移行しています。今後，当初に期待した合併の効果を十分に発揮できない場合には，展開するサービスの連携の不調・遅れが発生し，戦略やシナジーに影響が出る，グループ会社間のストレスや合併に起因する混乱が問題発生の一因となる等のリスクが生じる可能性があります。それらにより，当社グループの業務運営や業績，財政状態に影響を与える可能性があります。

2. システムに関わるリスク ·················

　当社グループのサービスは，当社グループの関連会社，提携会社のシステムと

連携して提供しており，一部のシステムの障害等により影響範囲が多岐に及ぶものが数多く存在します。大規模な障害発生により，当社のブランドイメージ低下や損害賠償を請求される可能性があり，当社グループの業績に影響を及ぼす場合があります。このようなリスクを低減するために，ソフトウェア品質の強化，システム可用性の向上，システムオペレーション訓練等の安定したサービス提供への取り組み強化に努めています。

3. 情報セキュリティに関わるリスク ……………………………………………

(1) サイバーセキュリティに関わるリスク ……………………………………

当社グループでは，安心して利用できる安全なサービスをユーザーに提供するため，中長期的な視点で全社を挙げて情報セキュリティの向上に取り組んでいます。しかしながら，これらの取り組みが及ばず，業務上の人為的ミスや故意による不法行為，災害等によるシステム障害，マルウェア感染や標的型攻撃等のサイバー攻撃，システムや製品等の脆弱性等により，情報漏洩，データの破壊や改ざん，サービスの停止等の被害等が発生した場合，当社グループの業績に影響を与えるだけでなく，当社グループの信用失墜につながる可能性があります。当社は，グループ会社の情報セキュリティを支援しています。具体的には，情報セキュリティ対策の仕組みの共有や導入支援，脆弱性情報等情報セキュリティに関する情報の共有，各社の求めに応じて情報セキュリティ対策の相談対応等を行っています。また，グループ会社に対しては当社と同等の情報セキュリティ対策を行うための規程の提供や第三者認証取得支援等の支援を行っています。さらに，当社グループでは，日々高度化するサイバー攻撃等の脅威に備え，必要かつ前衛的な対策を取るべく必要十分な費用の確保に努めています。しかしながら，想定以上のサイバー攻撃等の脅威が発生した場合には追加費用が発生し，当社グループの業績に影響を与える可能性があります。

(2) 通信の秘密に関わるリスク ………………………………………………

当社グループのLINE（株）やヤフー（株）は，「LINE」「Yahoo! メール」等のサービスにおいて，通信内容等の通信の秘密に該当する情報を取り扱っています。こ

れらの取扱いの際は電気通信事業法に則り，情報セキュリティに対する取り組みのもと，適切な取扱いを行っています。しかしながら，これらの情報が「LINE」「Yahoo! メール」等のサービスを提供するシステムの不具合や，マルウェア等の影響，通信設備等への物理的な侵入，当社グループの関係者や業務提携・委託先等の故意または過失等によって侵害された場合，当社グループのブランドイメージの低下や法的紛争に発展し，ユーザーの減少やサービスの停止や縮退に伴う損害賠償や売上収益減少等による業績に影響を及ぼす可能性があります。

4. 経済安全保障に関わるリスク

当社グループは経済安全保障推進法の制度運用の開始を見据えて2022年10月に経済安全保障部を新たに設置し，国内外の経済安全保障に関する情報収集，専門家との意見交換，経済安全保障リスクの抽出，特定等を進め，当社グループ会社が経済安全保障推進法の適用対象となった場合には適切な対応ができるよう必要な準備をしています。しかしながら，かかる対策や準備が有効に機能しない，あるいは取り組みが十分ではないと当局に認定される等，経済安全保障推進法が定める国による審査に適切な対応ができなかった場合，当局からの当社グループ会社に対する是正や中止の勧告，命令等の行政措置，それに伴う事業の一時停止，遅延，追加の設備投資並びに追加の対策やコスト，当社グループ会社の信用の毀損が生じる可能性があります。その場合，当社グループの事業，業績，社会的信用に影響を与える可能性があります。

5. コーポレートガバナンスに関わるリスク
(1) 親会社の経営判断がビジネスへ影響を与えるリスク

当社グループは，主要株主であるAホールディングス（株）を連結子会社に持つソフトバンク（株）をはじめとするソフトバンクグループ内の各企業やAホールディングス（株）の主要株主であるNAVER Corporationおよびそのグループ企業との間で取引を行っています。ソフトバンクグループ（株）やソフトバンク（株），また，NAVER Corporationは，その保有株数の構造上，当社の意思決定に影響力を及ぼし得る立場にあります。当社は社内規程や独立社外取締役4名で構成さ

れるガバナンス委員会等による監督の仕組みを整備・運用していますが，こうした仕組みが機能しない場合に，当社とそれらの会社との間で利益相反が生じ，当社の利益が損なわれる可能性があります。また，ソフトバンクグループ各社やNAVER Corporationの事業戦略方針の変更等に伴い，当社グループのサービスや各種契約内容への影響や，関係の変化が生じる可能性があり，その場合，当社グループのビジネスに影響を与える可能性があります。

（2）　グループ内企業文化の違い等によりシナジー創出に影響が生じるリスク ‥‥
　当社グループでは，子会社の機能や重要性等に応じた適切な報告制度を整備することとし，上場をしていない子会社（但し，金融持株会社等経営の独立性維持が必要な子会社を除く）との間では，関係会社管理に関する社内規程に基づき，会社運営に関する協定書を締結し，当該子会社における重要な事項について，当社の承認または当社への報告を原則として事前に求めることとしています。しかしながら，グループ会社間の企業文化の違い等により，このような仕組みが十分に機能しない場合，当社が子会社に関する重要な事項を適時に把握することが出来なくなることによって，的確な意思決定を行うことが出来ず，当社グループにおけるシナジーの創出が阻害されるリスクがあります。

6. 内部統制に関わるリスク ‥‥‥‥‥‥‥‥‥‥‥‥‥‥‥‥‥‥‥‥‥‥‥‥‥
　当社グループでは，業務上の人為的ミスやその再発，意思決定プロセスの潜脱等が起きることのないよう関連する規程を定めているほか，取締役会内でも監査等委員4名全員を独立社外取締役として，経営の意思決定・業務執行の監督を強化しています。また，代表取締役社長CEO直属の内部監査統括部を設置し運営することにより，適法かつ適正なコーポレートガバナンスの強化を図っています。しかしながら，このようなガバナンス機能が想定通りに機能せず，ガバナンス不全に陥った場合，或いは過剰な統制が整備されることにより事業展開スピードを損なった場合，当社グループのブランドイメージや業績に影響を与える可能性があります。

7. データガバナンスに関わるリスク

　多様かつ多軸な当社グループにおいて，各社へのガバナンスの実効性が及ばず事故や問題が生じる，体制の不備により問題や事故が生じる一方で，ボトルネックが生じサービスのリリースの遅れ等につながる，等のリスクが生じる可能性があります。個別には以下のような例があります。LINE（株）との経営統合に伴い，当社グループが個人情報をはじめとするデータを取り扱う量も飛躍的に増大しています。データの取り扱いに際して当社は「分かりやすい説明」「国内法に基づく運用」「有識者による助言・評価」「プライバシー＆セキュリティファースト」の4点を重視しつつ，その利活用を合理的・効率的にするためにデータガバナンス（データ資産管理の統制）の確立を図っています。2022年度においてZホールディングスグループとしてデータプロテクション基本方針を策定・公表するとともに，これにかかる取り組みをグループ会社に対して継続的に進めています。また，2023年2月2日に公表したとおり，当社は当社ならびに当社の完全子会社であるLINE（株）およびヤフー（株）を中心とした合併を行う方針であり，合併後の新会社において，事業会社たる当該新会社のデータガバナンスおよび当該新会社のグループ会社全体のデータガバナンスが円滑かつ適切に機能するよう体制を整え，その強化に取り組んでいきます。今後も個人情報の適切な取り扱いに関して当社グループ全体のガバナンスの強化に取り組んでいきますが，かかる対策やガバナンス強化の施策が有効に機能しないことによる当局から当社グループへの行政処分，当社グループの信用の毀損，当社グループのサービスへの需要の減少，追加の対策の策定・実施，また，データの漏洩やその恐れとなる事象の発生等により，当社グループの社会的信用や業績等に影響を与える可能性があります。

8. 事業継続に関わるリスク

　当社グループの事業は，地震等の自然災害，火災等の事故，広範囲な感染症の発生，それらによる，建造物の破壊，ライフラインの停止，回線障害，都市機能の停止，入館禁止措置等の影響を受けます。また当社グループの物的，人的資源の大部分は東京に集中しています。当社グループでは，システムの冗長化やデータセンターの多重化，分散化等の環境整備を進めるとともに，こうした災害等の

発生時には，速やかにかつ適切に全社的対応を行うよう準備しています。しかしながら，事前の想定を大きく超える事故等である場合，業務継続，復旧計画がうまく機能しない可能性があります。さらに，当社グループが所有する建物に起因する火災等の災害が発生した場合には，被害の収束，再建，周辺への補償等を含む対策により，業績等に影響がでる可能性があり，当社グループの事業，業績，ブランドイメージ等に影響が出る可能性があります。

9. 人材に関わるリスク

　技術者の不足や意識の変化等により，サービス開発・運用が滞り，事業の成長が阻害される，データプロテクションやAI等の中長期的な成長を担う人材を適切に確保できない等，従業員や雇用に関わるリスクが生じる可能性があります。当社グループの事業は，業務に関して専門的な知識，技術を有している役職員，いわゆるキーパーソンに依存している部分があり，これらのキーパーソンが当社グループを退職した場合，事業の継続，発展に一時的な影響が生じる可能性があります。また，各グループ会社において，今後の中長期的な業務拡大を目的とする体制の強化や各種サービスの運用，品質向上のための増員が必要となりえますが，労働市場や社会意識の変化により，それが適切になされない可能性があります。適切に増員がなされる場合にも，費用が増大し，業績に影響を与える可能性があります。そのため当社グループでは，業界水準を参考にした適正賃金テーブルの把握や目標評価制度等の実施による賃金レベルの相当性の確保，要員計画等での人員規模の適正性の確認に努めています。さらに，各グループ会社の事業特性および業種・職種を考慮した働き方の多様性を拡大するとともに，グループ会社間での異動等各個人の活躍機会を創出すること等により，より多様な人材の活躍と，各個人および組織の生産性やエンゲージメントの向上に結び付けています。

4　経営者による財政状態，経営成績及びキャッシュ・フローの状況の分析

1.　財政状態の状況

（1）　資産

　当連結会計年度末の資産合計は，前連結会計年度末と比べて1,478,336百万

円（20.8％増）増加し，8,588,722百万円となりました。

　主な増減理由は以下のとおりです。

- ・現金及び現金同等物の主な増減理由は，「キャッシュ・フローの状況」に記載しています。
- ・営業債権及びその他の債権は，主に PayPay（株）の連結子会社化により前連結会計年度末と比べて増加しました。
- ・カード事業の貸付金は，主にクレジットカード事業の取扱高増加により前連結会計年度末と比べて増加しました。
- ・銀行事業の貸付金は，主に住宅ローン債権が増加したことにより前連結会計年度末と比べて増加しました。
- ・のれんは，主にPayPay（株）の連結子会社化により前連結会計年度末と比べて増加しました。

（2）　負債 ……………………………………………………………………

　当連結会計年度末の負債合計は，前連結会計年度末と比べて1,142,633百万円（27.7％増）増加し，5,270,822百万円となりました。

　主な増減理由は以下のとおりです。

- ・営業債務及びその他の債務は，主に PayPay（株）の連結子会社化により前連結会計年度末と比べて増加しました。
- ・有利子負債は，主に借入金の増加により前連結会計年度末と比べて増加しました。

（3）　資本 ……………………………………………………………………

　当連結会計年度末の資本合計は，前連結会計年度末と比べて335,703百万円（11.3％増）増加し，3,317,900百万円となりました。

　主な増減理由は以下のとおりです。

- ・利益剰余金は，配当金の支払いがあったものの，親会社の所有者に帰属する当期利益の計上及び PayPay（株）の連結子会社化に伴いその他の包括利益累計額から利益剰余金への振替により前連結会計年度末と比べて増加しまし

た。

2. 経営成績の状況 ···

（1） 事業全体およびセグメント情報に記載された区分ごとの状況 ···············

　当連結会計年度の売上収益は，2022年10月にPayPay（株）を連結子会社化したことに伴う戦略事業における増収や，コマース事業の増収等により，過去最高となる1兆6,723億円（前年同期比6.7%増）となりました。

　調整後EBITDAは，前年度第2四半期のワイジェイ FX（株）（（現）外貨 ex byGMO（株））売却益による反動減，2022年10月の PayPay（株）連結子会社化，広告市況悪化の影響等があったものの，上記増収やコマース事業を中心としたコスト最適化により，過去最高となる3,326億円（前年同期比0.3%増）となりました。

　セグメント別の経営成績は次のとおりです。なお，2023年3月期第1四半期より，戦略事業に区分されていたヤフー（株）の金融サービスをメディア事業に移管しています。また，LINE（株）において，調整額に区分されていたサービスを各セグメントに移管しています。これに伴い，過去のデータおよび比較については現在のセグメントに合わせて遡及修正しています。

① メディア事業

　メディア事業の売上収益は，6,420億円（前年同期比0.1％増），調整後EBITDAは2,620億円（前年同期比0.8%増）となりました。なおメディア事業の売上収益が全売上収益に占める割合は38.4%となりました。

　LINE（株）では，「LINE公式アカウント」における大手顧客の配信メッセージ数増加や，中小加盟店の有償アカウント数増加により，アカウント広告の売上収益が前年同期比で18.3%増加しました。ディスプレイ広告は，市況悪化の影響に加えて，「LINE VOOM」のリニューアル影響等により，前年同期比で減収となりました。

　また，ヤフー（株）では，検索広告が引き続き堅調に推移したものの，（株）イーブックイニシアティブジャパンの非連結化による影響や，ディスプレイ広告における市況悪化の影響および予約型での出稿減等により，売上収益が前年同期比で

減収となりました。

② **コマース事業**

　コマース事業の売上収益は，アスクルグループや ZOZO グループにおける増収や，経済活動の再開に伴い，トラベル事業が好調に推移したこと等により，前年同期比で増加しました。

　eコマース取扱高（※1）は，トラベル事業を中心とした国内サービス系 EC の成長に加えて，リユース事業も安定的に成長したことにより，4兆1,143億円（前年同期比7.4％増）となり，うち国内物販系取扱高は，2兆9,880億円（前年同期比1.2％増）となりました。

　以上の結果，当連結会計年度におけるコマース事業の売上収益は，8,364億円（前年同期比3.1％増）となりました。また，調整後 EBITDA は，上記増収に加えて，成長と収益性をバランスさせる方針に転換し事業のコスト最適化を進め，収益性が大幅に改善した結果，1,536億円（前年同期比16.8％増）となりました。なおコマース事業の売上収益が全売上収益に占める割合は50.0％となりました。

（※1）eコマース取扱高は，「第5経理の状況1連結財務諸表等連結財務諸表注記32.売上収益（1）売上収益の分解各セグメントの主な商品」に掲載している「物販 EC」，「サービス EC」およびメディア事業の「その他」の有料デジタルコンテンツ等における取扱高の合算値です。

③ **戦略事業**

　戦略事業の売上収益は，2022年10月のPayPay（株）連結子会社化に伴い，前年同期比で大きく増加しました。

　PayPay取扱高は急速に成長しており，PayPayカード（株）の取扱高を含む連結取扱高は，前年同期比で3割を超えて増加（※2）し，PayPayのサービス開始から僅か4年6カ月で10兆円を超えました。また，PayPay銀行の貸出金残高は6,244億円（前年同期比49.8％増）と着実に増加しました。

　以上の結果，当連結会計年度における戦略事業の売上収益は1,920億円（前年同期比73.3％増）となりました。なお戦略事業の売上収益が全売上収益に占める割合は11.5％となりました。

（※2）PayPayカード（株）の取扱高を含む連結取扱高の増減率

(2) 生産，受注及び販売の実績

当社グループはインターネット上での各種サービスの提供を主たる事業としており，また受注生産形態をとらない事業も多いため，セグメント毎に生産の規模および受注の規模を金額あるいは数量で示すことはしていません。

なお，販売の状況については，「2経営成績の状況（1）事業全体およびセグメント情報に記載された区分ごとの状況」における各セグメントの業績に関連づけて示しています。

(3) 経営指標に関する分析・検討

当社は，「1経営方針，経営環境及び対処すべき課題等」に記載の各指標を主要な経営指標としています。当連結会計年度における当該指標の推移のうち，全社の売上収益，調整後 EBITDA，「LINE公式アカウント」アカウント数，eコマース取扱高，「PayPay」取扱高，PayPay カード（株）のクレジットカード取扱高については，「2. 経営成績の状況（1）事業全体およびセグメント情報に記載された区分ごとの状況」に記載のとおり堅調に推移しています。

その他の経営指標に関しては，メディア事業において，広告関連売上収益が主に広告市況の悪化を背景に前年同期比微増にとどまりました。ヤフー（株）の月間ログインユーザー ID 数が前年同期比微減となった一方，ヤフー（株）のログインユーザー利用時間，LINE（株）の月間アクティブユーザー数（MAU），デイリーアクティブユーザー数（DAU）／月間アクティブユーザー数（MAU）率が前年同期比で堅調に推移しました。また，戦略事業ではキャッシュレスの推進等により，「PayPay」の決済回数や PayPay 銀行（株）の銀行口座数が順調に増加しました。これらの増加は，当連結会計年度における同事業の堅調な成長に寄与していると判断しています。

3. キャッシュ・フローの状況

当連結会計年度末における現金及び現金同等物は，前連結会計年度末に比べ524,327百万円増加し，1,651,851百万円となりました。このうち銀行事業に関する日銀預け金は344,767百万円です。

当連結会計年度における各キャッシュ・フローの状況は以下のとおりです。

営業活動によるキャッシュ・フローは，銀行事業の貸付金の増加，カード事業の貸付金の増加および法人所得税の支払があったものの，主に税引前利益，営業債務及びその他の債務の増加および銀行事業の預金の増加の計上により93,051百万円の収入となりました。

投資活動によるキャッシュ・フローは，銀行事業の有価証券の取得による支出，有形固定資産の取得による支出および無形資産の取得による支出があったものの，主に子会社の支配獲得による収入および銀行事業の有価証券の売却または償還による収入により319,786百万円の収入となりました。

財務活動によるキャッシュ・フローは，社債の償還による支出，長期借入金の返済による支出，配当金の支払およびリース負債の返済による支出があったものの，主に長期借入による収入，短期借入金の純増および社債の発行による収入により105,791百万円の収入となりました。

流動性および資金の源泉

流動性リスクとその管理方法については，「第5経理の状況1連結財務諸表等連結財務諸表注記29.金融商品」に記載しています。

当連結会計年度における資金の主な増減要因については，上記に記載していますが，子会社株式の取得に関わる資金は，主に借入により調達しました。また，恒常的な支出であるサーバー等ネットワーク設備への設備投資等につきましては，営業活動によるキャッシュ・フローを源泉としています。

4. 重要な会計上の見積り及び当該見積りに用いた仮定 ··························

当社グループの連結財務諸表は，IFRSに準拠して作成しています。この連結財務諸表の作成にあたり採用した重要な会計上の見積り及び当該見積りに用いた仮定については，「第5　経理の状況1連結財務諸表等連結財務諸表注記4．見積り及び判断の利用」に記載しています。

設備の状況

1 設備投資等の概要

当連結会計年度の設備投資については，総額で222,269百万円（うち有形固定資産は106,245百万円，使用権資産は59,771百万円，無形資産は56,251百万円です。）であり，主なものは，サーバーおよびネットワーク関連設備の購入，物流センターの拡充，ソフトウェアの取得に伴うものです。当該設備投資については，各セグメントにわたり使用しており，各セグメントに厳密に配賦することが困難なため，報告セグメント毎の設備投資については省略しています。

2 主要な設備の状況

当社グループにおける主要な設備は，以下のとおりであります。

なお，当社グループは電子応用機器の製造・販売を中心に事業活動を展開する単一セグメントのため，セグメント別の記載を省略しております。

1．提出会社 ……………………………………………………………………

該当はありません。

2．国内子会社 …………………………………………………………………

2023年3月31日現在

会社名	事業所名（所在地）	セグメントの名称	設備の内容	帳簿価額（百万円）							従業員数（名）
				建物および構築物	工具、器具および備品	機械装置および運搬具	土地（面積千㎡）	使用権資産	ソフトウェア	合計	
ヤフー㈱	本社他（東京都千代田区他）	全セグメント	ネットワーク関連設備およびデータセンター設備等	26,354	58,269	14,466	1,068 (67)	48,902	85,000	234,061	8,305
LINE㈱	本社他（東京都新宿区他）	全セグメント	データセンター設備等	3,719	40,776	–	– (–)	61,208	2,138	107,842	2,833
アスクル㈱	本社他（東京都江東区他）	コマース事業	物流センター等	3,655	895	1,151	– (–)	58,934	15,624	80,261	863

3. 設備の新設，除却等の計画

　翌連結会計年度（自　2023年4月1日　至　2024年3月31日）における当社グループの設備の新設等にかかる投資予定金額（総額）は，155,700百万円です。

　重要な設備の新設，除却等の計画は，以下のとおりです。

1. 重要な設備の新設等 ･･

2023年3月31日現在

会社名	事業所名 （所在地）	セグメントの 名称	設備の内容	投資予定額 （百万円）	資金調達 方法	着手 年月	完成 予定 年月	完成後の増加能力
ヤフー㈱	本社他 （東京都千代田 区他）	全セグメント	ネットワーク 関連設備およ びデータセン ター設備	63,472	自己資金	2023年 4月	2024年 3月	インターネット接 続環境の増強およ びデータセンター 設備の増強
ヤフー㈱	本社他 （東京都千代田 区他）	全セグメント	ソフトウェア	25,080	自己資金	2023年 4月	2024年 3月	サービスおよび業 務効率の拡大

2. 重要な設備の除却等 ･･･

　該当事項はありません。

提出会社の状況

1　株式等の状況

（1）　株式の総数等 ···

①　株式の総数

種類	発行可能株式総数（株）
普通株式	24,160,000,000
計	24,160,000,000

②　発行済株式

種類	事業年度末現在 発行数（株） （2023年3月31日）	提出日現在 発行数（株） （2023年6月15日）	上場金融商品取引所名又は登録 認可金融商品取引業協会名	内容
普通株式	7,633,501,686	7,633,563,961	東京証券取引所 プライム市場	単元株式数は100株です。
計	7,633,501,686	7,633,563,961	－	－

（注）　提出日現在の発行数には，2023年6月1日からこの有価証券報告書提出日までの新株予約権の行使により発行された株式数は含まれていません。

経理の状況

1 連結財務諸表及び財務諸表の作成方法について ·····························

（1） 当社の連結財務諸表は、「連結財務諸表の用語，様式及び作成方法に関する規則」（昭和51年大蔵省令第28号）に基づいて作成しております。

（2） 当社の財務諸表は「財務諸表等の用語，様式及び作成方法に関する規則」（昭和38年大蔵省令第59号。以下「財務諸表等規則」という。）に基づいて作成しております。

　　また、当社は、特例財務諸表提出会社に該当し、財務諸表等規則第127条の規定により財務諸表を作成しております。

2 監査証明について ···

　当社は、金融商品取引法第193条の2第1項の規定に基づき、連結会計年度（2022年4月1日から2023年3月31日まで）の連結財務諸表および事業年度（2022年4月1日から2023年3月31日まで）の財務諸表について、有限責任監査法人トーマツにより監査を受けています。

3 連結財務諸表等の適正性を確保するための特段の取組みについて ·············

1. 当社は、連結財務諸表の適正性を確保するための特段の取組みを行っています。具体的には、会計基準等の内容を適切に把握できる体制を整備するため、公益財団法人財務会計基準機構へ加入しています。また、各種研修に参加しています。

2. 当社は、IFRSに基づいて連結財務諸表を適正に作成することができる体制の整備を行っています。具体的には、IFRSに基づく適正な連結財務諸表を作成するために、国際会計基準審議会が公表するプレスリリースや基準書を随時入手し、最新の基準に関する情報を把握するとともに、IFRSに準拠するための社内規程やマニュアル等を整備し、それらに基づいて会計処理を行っています。

(1) 連結財務諸表 ·······································

(1) 【連結財政状態計算書】

(単位：百万円)

	注記番号	前連結会計年度 （2022年3月31日）	当連結会計年度 （2023年3月31日）
資産			
現金及び現金同等物	7	1,127,523	1,651,851
銀行事業のコールローン	29	80,000	98,000
営業債権及びその他の債権	8,29	368,618	623,300
棚卸資産		26,671	31,690
カード事業の貸付金	29	475,528	593,058
銀行事業の有価証券	9,29	464,145	414,719
銀行事業の貸付金	29	414,620	620,383
その他の金融資産	10,29	511,487	447,841
有形固定資産	11	164,783	213,839
使用権資産	12	162,763	221,221
のれん	13	1,788,481	2,074,779
無形資産	13	1,216,379	1,267,738
持分法で会計処理されている投資	14	203,398	191,048
繰延税金資産	15	37,176	44,477
その他の資産	16	68,806	94,772
資産合計		7,110,386	8,588,722

	注記番号	前連結会計年度 （2022年3月31日）	当連結会計年度 （2023年3月31日）
負債及び資本			
負債			
営業債務及びその他の債務	17, 29	524,989	1,351,794
銀行事業の預金	18, 29	1,431,175	1,495,629
有利子負債	19, 29	1,666,503	1,913,799
その他の金融負債	29	8,528	14,729
未払法人所得税		43,186	31,616
引当金	20	28,619	23,136
繰延税金負債	15	262,539	240,772
その他の負債	22	162,645	199,345
負債合計		4,128,188	5,270,822
資本			
親会社の所有者に帰属する持分			
資本金	26	237,980	247,094
資本剰余金	26, 28	2,037,384	2,046,696
利益剰余金	26	401,322	647,347
自己株式	26	△54,086	△70,436
その他の包括利益累計額		61,776	48,697
親会社の所有者に帰属する 持分合計		2,684,377	2,919,399
非支配持分		297,819	398,501
資本合計		2,982,197	3,317,900
負債及び資本合計		7,110,386	8,588,722

(2) 【連結損益計算書】

（単位：百万円）

	注記番号	前連結会計年度 （自　2021年4月1日 至　2022年3月31日）	当連結会計年度 （自　2022年4月1日 至　2023年3月31日）
売上収益	32	1,567,421	1,672,377
売上原価	33	497,021	511,131
販売費及び一般管理費	33	895,919	1,007,606
企業結合に伴う再測定益	34	－	156,501
子会社株式売却益	35	15,022	4,392
営業利益		189,503	314,533
その他の営業外収益	38	36,618	10,609
その他の営業外費用	39	11,976	25,235
持分変動利益	36	8,911	5,343
持分法による投資損益（△は損失）	14	△46,135	△38,728
持分法による投資の減損損失	37	18,378	31,303
税引前利益		158,542	235,219
法人所得税	15	66,911	46,055
当期利益		91,631	189,163
当期利益の帰属			
親会社の所有者		77,316	178,868
非支配持分		14,314	10,295
当期利益		91,631	189,163
親会社の所有者に帰属する 1株当たり当期利益			
基本的1株当たり当期利益(円)	41	10.20	23.87
希薄化後1株当たり当期利益(円)	41	10.14	23.80

(3) 【連結包括利益計算書】

	注記番号	前連結会計年度 （自 2021年4月1日 至 2022年3月31日）	当連結会計年度 （自 2022年4月1日 至 2023年3月31日）
当期利益		91,631	189,163
その他の包括利益			
純損益に振り替えられることのない 項目			
確定給付制度の再測定	40	△463	3,190
FVTOCIの資本性金融資産	30,40	15,505	80,563
持分法適用会社に対する持分相当額	14,40	85	801
項目合計		15,128	84,556
純損益にその後に振り替えられる 可能性のある項目			
FVTOCIの負債性金融資産	30,40	△392	△598
在外営業活動体の換算差額	30,40	14,952	13,806
項目合計		14,559	13,207
税引後その他の包括利益		29,687	97,763
当期包括利益		121,319	286,927
当期包括利益の帰属			
親会社の所有者		107,037	276,542
非支配持分		14,281	10,384
当期包括利益		121,319	286,927

(4) 【連結持分変動計算書】

前連結会計年度（自　2021年4月1日　至　2022年3月31日）

（単位：百万円）

	注記番号	親会社の所有者に帰属する持分						非支配持分	資本合計
		資本金	資本剰余金	利益剰余金	自己株式	その他の包括利益累計額	合計		
2021年4月1日		237,724	2,063,881	362,999	△17,385	35,098	2,682,318	307,279	2,989,597
当期利益				77,316			77,316	14,314	91,631
その他の包括利益						29,721	29,721	△33	29,687
当期包括利益		－	－	77,316	－	29,721	107,037	14,281	121,319
所有者との取引額等									
新株の発行	26	255	255				511		511
剰余金の配当	27			△42,228			△42,228	△10,267	△52,495
その他の包括利益累計額から利益剰余金への振替				3,043		△3,043	－		－
自己株式の取得					△68,289		△68,289		△68,289
自己株式の消却			△31,587		31,587		－		－
子会社の支配獲得及び喪失に伴う変動							－	△3,744	△3,744
支配継続子会社に対する持分変動			△7,942				△7,942	9,143	△17,085
株式に基づく報酬取引			12,202				12,202		12,202
その他			574	192			767	△585	181
所有者との取引額等合計		255	△26,496	△38,992	△36,701	△3,043	△104,978	△23,740	△128,719
2022年3月31日		237,980	2,037,384	401,322	△54,086	61,776	2,684,377	297,819	2,982,197

当連結会計年度（自　2022年4月1日　至　2023年3月31日）

（単位：百万円）

	注記番号	親会社の所有者に帰属する持分						非支配持分	資本合計
		資本金	資本剰余金	利益剰余金	自己株式	その他の包括利益累計額	合計		
2022年4月1日		237,980	2,037,384	401,322	△54,086	61,776	2,684,377	297,819	2,982,197
当期利益				178,868			178,868	10,295	189,163
その他の包括利益						97,674	97,674	88	97,763
当期包括利益		–	–	178,868	–	97,674	276,542	10,384	286,927
所有者との取引額等	26								
新株の発行	26	9,114	9,246				18,360		18,360
剰余金の配当	27			△43,535			△43,535	△12,263	△55,799
その他の包括利益累計額から利益剰余金への振替				110,753		△110,753	–		–
自己株式の取得					△16,405		△16,405		△16,405
子会社の支配獲得及び喪失に伴う変動			△11,519				△11,519	94,933	83,413
支配継続子会社に対する持分変動			△733				△733	7,294	6,561
株式に基づく報酬取引			13,184				13,184		13,184
その他			△866	△62	56		△872	333	△538
所有者との取引額等合計		9,114	9,311	67,156	△16,349	△110,753	△41,521	90,297	48,776
2023年3月31日		247,094	2,046,696	647,347	△70,436	48,697	2,919,399	398,501	3,317,900

(5) 【連結キャッシュ・フロー計算書】

（単位：百万円）

	注記番号	前連結会計年度 （自　2021年4月1日 至　2022年3月31日）	当連結会計年度 （自　2022年4月1日 至　2023年3月31日）
営業活動によるキャッシュ・フロー			
税引前利益		158,542	235,219
減価償却費及び償却費		135,744	148,776
企業結合に伴う再測定益		－	△156,501
子会社株式売却益		△15,022	△4,392
持分変動利益		△8,911	△5,343
持分法による投資損益(△は益)		46,135	38,728
持分法による投資の減損損失		18,378	31,303
銀行事業のコールローンの増減額(△は増加)		△15,000	△18,000
営業債権及びその他の債権の増減額(△は増加)		10,267	7,689
営業債務及びその他の債務の増減額(△は減少)		21,743	191,988
カード事業の貸付金の増減額(△は増加)		△67,573	△117,530
銀行事業の貸付金の増減額(△は増加)		△167,572	△205,763
銀行事業の預金の増減額(△は減少)		244,969	64,454
その他		3,504	△44
小計		365,205	210,583
利息及び配当金の受取額		2,394	2,819
利息の支払額		△12,517	△10,787
法人所得税の支払額		△88,768	△109,564
営業活動によるキャッシュ・フロー		266,314	93,051
投資活動によるキャッシュ・フロー			
銀行事業の有価証券の取得による支出		△201,031	△188,222
銀行事業の有価証券の売却または償還による収入		251,663	234,870
投資の取得による支出		△120,276	△53,561
有形固定資産の取得による支出		△51,772	△92,842
無形資産の取得による支出		△220,861	△56,144
子会社の支配獲得による収入		84	397,291
その他		38,295	78,395
投資活動によるキャッシュ・フロー		△303,899	319,786
財務活動によるキャッシュ・フロー			
短期借入金の純増減額(△は減少)		△13,761	90,961
長期借入による収入		213,702	213,477
長期借入金の返済による支出		△140,458	△71,455
新株式の発行による収入		46	16,855
自己株式の取得による支出		△68,289	△16,861
社債の発行による収入		100,000	60,000
社債の償還による支出		△40,000	△85,000
コマーシャル・ペーパー発行による収入		645,500	620,000
コマーシャル・ペーパー償還による支出		△496,500	△647,000
配当金の支払額		△42,230	△43,554
非支配持分への配当金の支払額		△10,263	△12,257
リース負債の返済による支出		△38,312	△33,928
その他		△17,804	14,555
財務活動によるキャッシュ・フロー		91,630	105,791
現金及び現金同等物に係る換算差額		7,750	5,698
現金及び現金同等物の増減額(△は減少)		61,796	524,327
現金及び現金同等物の期首残高	7	1,065,726	1,127,523
現金及び現金同等物の期末残高	7	1,127,523	1,651,851

【連結財務諸表注記】

1. 報告企業

　Ｚホールディングス（株）（以下，当社という。）は日本で設立され，同国に本社を置いており，当社および子会社（以下，当社グループという。）の親会社は，Ａホールディングス（株）であり，最終的な親会社はソフトバンクグループ（株）です。登記している本店の所在地は，東京都千代田区紀尾井町１番３号です。

　当社グループの主な事業内容は「6.セグメント情報」に記載しています。

2. 作成の基礎

（1）準拠する会計基準

　当社グループの連結財務諸表は連結財務諸表規則第１条の２に掲げる「指定国際会計基準特定会社」の要件を満たすことから，連結財務諸表規則第93条の規定により，IFRSに準拠して作成しています。

（2）測定の基礎

　連結財務諸表は，「3.重要な会計方針」に記載しているとおり，公正価値で測定している金融商品等を除き，取得原価を基礎として作成しています。

（3）表示通貨および単位

　連結財務諸表は日本円を表示通貨としており，百万円未満を切捨てて表示しています。

（4）表示方法の変更

（連結損益計算書関係）

　前連結会計年度において，「その他の営業外収益」に含めていた「持分変動利益」は重要性が増したため，独立掲記しています。前連結会計年度において独立掲記していた「子会社の支配喪失に伴う利益」は，重要性が乏しくなったため，当連結会計年度より「販売費及び一般管理費」に含めて表示しています。前連結会計年度において独立掲記していた「株式交換差益」は，重要性が乏しくなったため，

当連結会計年度より「その他の営業外収益」に含めて表示しています。

(連結キャッシュ・フロー計算書関係)
　前連結会計年度において，営業活動によるキャッシュ・フローの「その他」に含めて表示していた「持分変動利益」は重要性が増したため，当連結会計年度において営業活動によるキャッシュ・フローにて独立掲記しています。また，営業活動によるキャッシュ・フローの「子会社の支配喪失に伴う利益」「株式交換差益」および「「法人所得税の還付額」は，重要性が乏しくなったため，当連結会計年度よりそれぞれ「その他」および「法人所得税の支払額」に含めて表示しています。
　この表示方法の変更を反映させるため，前連結会計年度において営業活動によるキャッシュ・フローの「その他」に含めて表示していた △8,911百万円は，営業活動によるキャッシュ・フローの「持分変動利益」△8,911百万円として組替えています。また，前連結会計年度において営業活動によるキャッシュ・フローの「子会社の支配喪失に伴う利益」△6,667百万円，「株式交換差益」△8,892百万円は，「その他」△15,560百万円として，「法人所得税の還付額」21,359百万円は，「法人所得税の支払額」21,359百万円として組み替えています。
　前連結会計年度において，投資活動によるキャッシュ・フローの「その他」に含めて表示していた「子会社の支配獲得による収入」は重要性が増したため，当連結会計年度において投資活動によるキャッシュ・フローにて独立掲記しています。また，投資活動によるキャッシュ・フローの「投資の売却または償還による収入」「子会社の支配喪失による収入」は，重要性が乏しくなったため，当連結会計年度より「その他」に含めて表示しています。
　この表示方法の変更を反映させるため，前連結会計年度において投資活動によるキャッシュ・フローの「その他」に含めて表示していた84百万円は，投資活動によるキャッシュ・フローの「子会社の支配獲得による収入」84百万円として組替えています。また，前連結会計年度において，投資活動によるキャッシュ・フローの「投資の売却または償還による収入」31,323百万円，「子会社の支配喪失による収入」16,122百万円は，「その他」47,445百万円として組み替えています。
　前連結会計年度において，財務活動によるキャッシュ・フローの「その他」に

含めて表示していた「新株式の発行による収入」は重要性が増したため，当連結会計年度において財務活動によるキャッシュ・フローにて独立掲記しています。また，財務活動によるキャッシュ・フローの「子会社の自己株式の売却による収入」「子会社の自己株式の取得による支出」は，重要性が乏しくなったため，当連結会計年度より「その他」に含めて表示しています。

　この表示方法の変更を反映させるため，前連結会計年度において，財務活動によるキャッシュ・フローの「その他」に含めて表示していた46百万円は，財務活動によるキャッシュ・フローの「新株式の発行による収入」46百万円として組替えています。また，前連結会計年度において，財務活動によるキャッシュ・フローの「子会社の自己株式の売却による収入」11,416百万円，「子会社の自己株式の取得による支出」△34,977百万円は，「その他」△23,561百万円として組替えています。

(5)　未適用の公表済み基準書および解釈指針 ·································
　連結財務諸表の承認日までに公表されている主な基準書および解釈指針の新設または改訂のうち，当社に重要な影響があるものはありません。

3.　重要な会計方針 ··
　以下の会計方針は，他の記載がない限り，連結財務諸表に記載されている全ての期間に適用しています。

(1)　連結の基礎 ··
①　連結の基本方針
　連結財務諸表は，当社および当社が支配している企業（子会社）の財務諸表に基づき作成しています。支配とは，投資先に対するパワー，投資先への関与により生じる変動リターンに対するエクスポージャーまたは権利，投資者のリターンの額に影響を及ぼすように投資先に対するパワーを用いる能力の全てを有している場合をいいます。当社による支配の有無は，議決権または類似の権利の保有割合や投資先に関する契約内容等の諸要素を勘案し総合的に判断しています。
　子会社については，支配獲得日から支配喪失日までの期間を連結しています。

子会社の包括利益は，たとえ非支配持分が負の残高になる場合でも，親会社の所有者と非支配持分に配分されます。

　子会社が採用する会計方針が当社グループで採用した会計方針と異なる場合には，必要に応じて当該子会社の財務諸表に調整を加えています。

　当社グループ内部での債権債務残高，取引，当社グループ内取引によって発生した未実現損益は，連結財務諸表作成にあたり消去しています。

② **子会社として存続する場合における当社グループの所有持分の変動**

　子会社に対する当社グループの所有持分の変動で支配の喪失にならない取引は，資本取引として会計処理しています。当社グループの持分および非支配持分の帳簿価額は，子会社に対する相対的な持分の変動を反映して調整しています。非支配持分を調整した額と支払対価または受取対価の公正価値との差額は資本に直接認識し，親会社の所有者に帰属しています。

　当社グループが子会社の支配を喪失する場合，処分損益は (i) 「受取対価の公正価値および残存持分の公正価値の合計」と (ⅱ) 「子会社の資産 (のれんを含む)，負債，非支配持分の従前の帳簿価額」との間の差額として算定され，それまで認識していたその他の包括利益累計額は，純損益に振り替えています。

③ **企業結合**

　事業の取得は「取得法」で会計処理をしています。企業結合時に引き渡した対価は，当社グループが移転した資産，被取得企業の従前の所有者に対する当社グループの負債，被取得企業の支配と交換に当社グループが発行した資本持分の取得日の公正価値の合計として測定されます。取得関連費用は発生時に純損益で認識しています。

　取得日において，識別可能な取得した資産および引受けた負債は，以下を除き，取得日における公正価値で認識されます。

・繰延税金資産 (または繰延税金負債) および従業員給付契約に関連する資産 (または負債) は，それぞれIAS第12号「法人所得税」およびIAS第19号「従業員給付」に従って認識し測定されます。

・「被取得企業の株式に基づく報酬契約」または「被取得企業の株式に基づく報酬制度を当社グループの制度に置換えるために発行された当社グループの株

式に基づく報酬契約」に関する負債または資本性金融商品は，取得日にIFRS
第2号「株式に基づく報酬」に従って測定されます。

・IFRS第5号「売却目的で保有する非流動資産及び非継続事業」に従って売却
目的保有に分類される資産または処分グループは，当該基準書に従って測定
されます。

のれんは，移転された対価，被取得企業の非支配持分の金額，取得企業が以前
に保有していた被取得企業の資本持分の公正価値の合計金額が，取得日における
識別可能な取得した資産と引受けた負債の正味価額を上回る場合にその超過額と
して測定されます。この差額が負の金額である場合には，直ちに純損益で認識し
ています。

現在の所有持分であり，清算時に企業の純資産に対する比例的な取り分を保有
者に与えている非支配持分は，当初認識時に公正価値，または被取得企業の識別
可能純資産の認識金額に対する非支配持分の比例的な取り分相当額によって測定
されます。上記以外の非支配持分は，公正価値，または該当する場合には，他の
基準書に特定されている測定方法によって測定されます。

段階的に達成される企業結合の場合，当社グループが以前に保有していた被取
得企業の資本持分は取得日（すなわち当社グループの支配獲得日）の公正価値で
再評価され，発生した利得または損失があれば純損益に認識されます。取得日以
前にその他の包括利益に計上されていた被取得企業の持分の金額は，取得企業が
その持分を直接処分した場合と同じ方法で会計処理されます。

④ のれん

事業の取得から生じるのれんは，事業の取得日に計上された取得原価から減損
損失累計額を控除した金額で計上されます。

のれんが配分される資金生成単位については，のれんが内部報告目的で監視さ
れる単位に基づき決定し，集約前の事業セグメントの範囲内となっています。

のれんは償却を行わず，資金生成単位または資金生成単位グループに配分し，
配分された資金生成単位については，連結会計年度の一定時期，またはその生成
単位に減損の兆候がある場合は，より頻繁に減損テストを行っています。当該資
金生成単位の回収可能価額が帳簿価額未満の場合，まず減損損失を資金生成単

位に配分されたのれんに配分し，次に資金生成単位におけるその他の資産の帳簿価額の比例割合で各資産に配分しています。

のれんの減損損失は，純損益に直接認識され，以後の期間に戻入れは行いません。

なお，関連会社の取得により生じたのれんに関する当社グループの会計方針は，「⑤関連会社および共同支配企業への投資」に記載しています。

⑤　関連会社および共同支配企業への投資

関連会社とは，当社グループが議決権の20％以上を所有し，投資先の財務および営業の方針決定に重要な影響力を行使し得ない反証が存在しない会社，もしくは20％未満の保有でも重要な影響力を行使し得る会社をいいます。

共同支配企業とは，当社グループを含む複数の当事者が，事業活動の重要な意思決定に関し全員一致の合意を必要とする契約上の取決めに基づき共同支配を有し，当該取決めの純資産に対する権利を有する投資先をいいます。

関連会社および共同支配企業に対する投資は，投資先が関連会社および共同支配企業になる日から持分法を適用して会計処理されます。関連会社および共同支配企業に対する投資の取得時には，取得原価が，取得日に認識されている投資先の識別可能な資産および負債の正味の公正価値のうち当社グループの持分相当額を超過する額は，のれんとして認識し，投資の帳簿価額に含まれます。再評価後，識別可能な資産および負債の正味の公正価値の当社グループの持分相当額が取得原価を超過する場合は，超過差額を投資が実施された期間に純損益に直ちに認識しています。

持分法では，関連会社および共同支配企業に対する投資額は，連結財政状態計算書において取得原価で当初認識し，その後，関連会社および共同支配企業の純損益およびその他の包括利益の当社グループの持分を認識するために修正しています。関連会社および共同支配企業の損失に対する当社グループの持分相当額が，当社グループの関連会社および共同支配企業に対する持分（実質的に当社グループの関連会社および共同支配企業に対する正味投資持分の一部を構成するいかなる長期持分を含む）を超過する場合，当社グループは追加的な損失について当社グループの持分相当額を認識していません。追加的な損失は，当社グループ

が関連会社および共同支配企業に代わって法的債務または推定的債務を負う，または関連会社および共同支配企業の代わりに支払いを行う範囲で認識しています。

　当該投資が関連会社および共同支配企業でなくなった日もしくは売却目的保有に分類された日から，当社グループは持分法の適用を中止しています。当社グループが以前の関連会社および共同支配企業に対する残存持分を保持しており，残存持分が金融資産である場合には，当社グループは，残存持分をその日時点の公正価値で測定し，当該公正価値は IFRS第9号「金融商品」（以下，IFRS第9号という。）に従って金融資産としての当初認識時の公正価値とみなされます。持分法適用が中止された日における関連会社および共同支配企業の帳簿価額と，残存持分の公正価値および関連会社および共同支配企業に対する一部持分の処分による収入との差額は，関連会社および共同支配企業の処分損益の決定に含まれます。

　当社グループの関連会社および共同支配企業投資に関する減損損失を認識するかどうかを決定するため，IFRS第9号の要求が適用されます。減損テストは，（のれんを含む）投資全体の帳簿価額に対し，IAS第36号「資産の減損」に従って行われています。

(2)　外貨換算

①　外貨建取引

　当社グループの財務諸表は，各社の機能通貨で作成しています。機能通貨以外の通貨（外貨）での取引は，取引日の為替レートで機能通貨に換算しています。外貨建貨幣性項目は，各四半期末の為替レートで機能通貨に換算しています。公正価値で測定している外貨建非貨幣性項目は，測定日の為替レートで機能通貨に換算しています。

　換算によって発生した為替換算差額は，「②在外営業活動体」を除いて，その期間の純損益で認識しています。

②　在外営業活動体

　連結財務諸表を作成するために，在外営業活動体の資産および負債（取得により発生したのれんおよび公正価値の調整を含む）は，各四半期末の為替レートで

日本円に換算しています。収益および費用は，その各四半期の平均為替レートで日本円に換算しています。在外営業活動体の財務諸表の換算によって生じた為替差額は，その他の包括利益で認識し，在外営業活動体の換算差額勘定に累積しています。

在外営業活動体の持分全てまたは持分の一部処分を行った場合，当該在外営業活動体の換算差額は，処分損益の一部として純損益に振り替えています。

(3)　金融商品 ……………………………………………………………
①　認識
金融資産および金融負債は，当社グループが金融商品の契約上の当事者になった時点で認識しています。

金融資産および金融負債は当初認識時において公正価値で測定しています。純損益を通じて公正価値で測定する金融資産（以下，FVTPLの金融資産という。）および純損益を通じて公正価値で測定する金融負債（以下，FVTPLの金融負債という。）を除き，金融資産の取得および金融負債の発行に直接起因する取引コストは，当初認識時において，金融資産の公正価値に加算または金融負債の公正価値から減算しています。FVTPLの金融資産およびFVTPLの金融負債の取得に直接起因する取引コストは純損益で認識しています。

②　非デリバティブ金融資産
非デリバティブ金融資産は，「償却原価で測定する金融資産」，「その他の包括利益を通じて公正価値で測定する負債性金融資産（以下，FVTOCIの負債性金融資産という。）」，「その他の包括利益を通じて公正価値で測定する資本性金融資産（以下，FVTOCIの資本性金融資産という。）」，「FVTPLの金融資産」に分類しています。この分類は，金融資産の性質と目的に応じて，当初認識時に決定しています。

通常の方法による全ての金融資産の売買は，約定日に認識および認識の中止を行っています。通常の方法による売買とは，市場における規則または慣行により一般に認められている期間内での資産の引渡しを要求する契約による金融資産の購入または売却をいいます。

a. 償却原価で測定する金融資産

以下の要件がともに満たされる場合に「償却原価で測定する金融資産」に分類しています。

- 契約上のキャッシュ・フローを回収するために金融資産を保有することを目的とする事業モデルの中で保有されている。
- 金融資産の契約条件により，元本および元本残高に対する利息の支払のみであるキャッシュ・フローが所定の日に生じる。

当初認識後，償却原価で測定する金融資産は実効金利法による償却原価から必要な場合には減損損失を控除した金額で測定しています。実効金利法による利息収益は純損益で認識しています。

b. FVTOCIの負債性金融資産

以下の要件がともに満たされる場合に「FVTOCIの負債性金融資産」に分類しています。

- 契約上のキャッシュ・フローの回収と売却の両方によって目的が達成される事業モデルの中で保有されている。
- 金融資産の契約条件により，元本および元本残高に対する利息の支払のみであるキャッシュ・フローが所定の日に生じる。

当初認識後，FVTOCIの負債性金融資産は公正価値で測定し，公正価値の変動から生じる評価損益は，その他の包括利益で認識しています。その他の包括利益として認識した金額は，認識を中止した場合，その累計額を純損益に振り替えています。FVTOCIの負債性金融資産に分類された貨幣性金融資産から生じる為替差損益，FVTOCIの負債性金融資産に係る実効金利法による利息収益は，純損益で認識しています。

c. FVTOCIの資本性金融資産

資本性金融資産については，当初認識時に公正価値の変動を純損益ではなくその他の包括利益で認識するという取消不能な選択を行っている場合に「FVTOCIの資本性金融資産」に分類しています。当初認識後，FVTOCIの資本性金融資産は公正価値で測定し，公正価値の変動から生じる評価損益は，その他の包括利益で認識しています。

FVTOCIの資本性金融資産の公正価値は，「30.金融商品の公正価値（1）公正価値ヒエラルキーのレベル別分類」で記載している方法により測定しています。

認識を中止した場合，もしくは著しくまたは長期に公正価値が取得原価を下回る場合に，その他の包括利益を通じて認識された利得または損失の累計額を直接利益剰余金へ振り替えています。なお，FVTOCIの資本性金融資産に係る受取配当金は，純損益で認識しています。

d. FVTPLの金融資産

以下の要件のいずれかに該当する場合には「FVTPLの金融資産」に分類しています。

・売買目的保有の金融資産
・「償却原価で測定する金融資産」，「FVTOCIの負債性金融資産」，「FVTOCIの資本性金融資産」のいずれにも分類しない場合

売買目的保有には，デリバティブ以外の金融資産で，主として短期間に売却する目的で取得した売却目的保有の金融資産を分類しています。なお，いずれの金融資産も，会計上のミスマッチを取り除くあるいは大幅に削減させるために純損益を通じて公正価値で測定するものとして指定していません。

当初認識後，FVTPLの金融資産は公正価値で測定し，公正価値の変動から生じる評価損益，配当収益および利息収益は純損益で認識しています。

FVTPLの金融資産の公正価値は，「30.金融商品の公正価値（1）公正価値ヒエラルキーのレベル別分類」で記載している方法により測定しています。

e. 金融資産の減損

償却原価で測定する金融資産，FVTOCIの負債性金融資産に係る予想信用損失について，貸倒引当金を認識しています。期末日毎に，金融資産に係る信用リスクが当初認識時点から著しく増加しているかどうかを評価しています。金融資産に係る信用リスクが当初認識以降に著しく増大していない場合には，金融資産に係る貸倒引当金を12か月の予想信用損失と同額で測定しています。一方，金融資産に係る信用リスクが当初認識以降に著しく増大している場合，または信用減損金融資産については，金融資産に係る貸倒引当金を全期間の予想信用損失と同額で測定しています。ただし，営業債権および契約資産については常に貸倒引当

金を全期間の予想信用損失と同額で測定しています。

予想信用損失は，以下のものを反映する方法で見積っています。

・一定範囲の生じ得る結果を評価することにより算定される，偏りのない確率加重金額

・貨幣の時間価値

・過去の事象，現在の状況，将来の経済状況の予測についての，報告日において過大なコスト労力を掛けずに利用可能な合理的で裏付け可能な情報

当該測定に係る貸倒引当金の繰入額，および，その後の期間において，貸倒引当金を減額する事象が発生した場合は，貸倒引当金戻入額を純損益で認識しています。

金融資産の全体または一部分を回収するという合理的な予想を有していない場合には，当該金額を貸倒引当金と相殺して帳簿価額を直接減額しています。

f. 金融資産の認識の中止

金融資産から生じるキャッシュ・フローに対する契約上の権利が消滅した場合，または金融資産を譲渡し，その金融資産の所有に係るリスクと経済価値を実質的に全て移転した場合に，当該金融資産の認識を中止しています。

③ 非デリバティブ金融負債

非デリバティブ金融負債は，「FVTPLの金融負債」または「償却原価で測定する金融負債」に分類し，当初認識時に分類を決定しています。

FVTPLの金融負債は当初認識後，公正価値で測定し，公正価値の変動から生じる評価損益および利息費用は純損益で認識しています。

償却原価で測定する金融負債は当初認識後，実効金利法による償却原価で測定しています。

金融負債は義務を履行した場合，もしくは債務が免責，取消しまたは失効となった場合に認識を中止しています。

④ デリバティブ金融資産および金融負債

デリバティブは，デリバティブ取引契約が締結された日の公正価値で当初認識しています。当初認識後は，各四半期末の公正価値で測定しています。デリバティブの公正価値の変動額は，直ちに純損益で認識しています。

デリバティブ金融資産は「FVTPLの金融資産」に，デリバティブ金融負債は「FVTPLの金融負債」にそれぞれ分類しています。

⑤ **金融資産および金融負債の相殺**

金融資産および金融負債は，認識された金額を相殺する法的に強制力のある権利を有し，かつ純額で決済するかまたは資産の実現と負債の決済を同時に行う意図を有する場合にのみ，連結財政状態計算書上で相殺し，純額で表示しています。

(4) 現金及び現金同等物

現金及び現金同等物は，現金，随時引出し可能な預金，および容易に換金可能でかつ価値の変動について僅少なリスクしか負わない取得日から満期日までの期間が3ヶ月以内の短期投資で構成されています。

(5) 棚卸資産

棚卸資産は，原価と正味実現可能価額のいずれか低い金額で測定しています。原価は，主として移動平均法を用いて算定しており，正味実現可能価額は，通常の事業の過程における見積販売価格から，販売に要する見積費用を控除して算定しています。

また，棚卸資産の内訳は，主として商品です。

(6) 有形固定資産

有形固定資産は，原価モデルを採用し，取得原価から減価償却累計額および減損損失累計額を控除した金額で計上しています。取得原価には，資産の取得に直接関連する費用，資産の解体・除去および土地の原状回復費用が含まれます。

減価償却費は，土地および建設仮勘定を除き，見積耐用年数にわたって定額法で計上しています。主要な有形固定資産の見積耐用年数は以下のとおりです。

・建物および構築物　　3年～50年

・工具，器具および備品　2年～20年

・機械装置および運搬具　2年～15年

減価償却方法，耐用年数および残存価額は，連結会計年度末に見直しを行い，

変更がある場合は，会計上の見積りの変更として将来に向かって適用しています。

(7) 無形資産

個別に取得した耐用年数を確定できる無形資産は，原価モデルを採用し，取得原価から償却累計額および減損損失累計額を控除した金額で計上しています。個別に取得した耐用年数を確定できない無形資産は，取得原価から減損損失累計額を控除した額で計上しています。

企業結合により取得し，のれんとは区別して認識された無形資産は，取得日の公正価値で当初認識されます。当初認識後，企業結合により取得した無形資産は，個別に取得した無形資産と同様に，取得原価から償却累計額および減損損失累計額を控除した金額で計上されます。

研究段階で発生した支出は，発生した期間の費用として計上しています。開発段階で発生した自己創設無形資産は，資産計上の要件を全て満たした日から，開発完了までに発生した支出の合計額で認識しています。当初認識後，自己創設無形資産は，個別に取得した無形資産と同様に，取得原価から償却累計額および減損損失累計額を控除した金額で計上しています。

償却費は，見積耐用年数にわたって主に定額法で計上しています。

耐用年数を確定できる主要な無形資産の見積耐用年数は以下のとおりです。

・ソフトウェア　3年～10年
・顧客基盤　　　10年～25年

償却方法，耐用年数および残存価額は，連結会計年度末に見直しを行い，変更がある場合は，会計上の見積りの変更として将来に向かって適用しています。

商標権の一部について，事業を継続する限り基本的に存続するため，耐用年数を確定できないと判断し，償却していません。

(8) リース

当社グループでは，契約の開始時に，契約がリース又はリースを含んだものであるのかどうかを判定しています。リースを含む契約の開始日または再評価日に契約における対価を，リース構成部分の独立価格と非リース構成部分の独立価格

の総額との比率に基づいてそれぞれに配分することにより，リース構成部分を非リース構成部分から区分して会計処理しています。また，リース期間は，リースの解約不能期間に，行使することが合理的に確実な延長オプションの対象期間および行使しないことが合理的に確実な解約オプションの対象期間を加えたものとしています。

(借手側)

① 無形資産のリース取引

当社グループは無形資産のリース取引に対して，IFRS第16号「リース」（以下，IFRS第16号という。）を適用していません。

② 使用権資産

リースの開始日に使用権資産を認識しています。使用権資産は開始日において，取得原価で測定しており，当該取得原価は，リース負債の当初測定の金額，リース開始日以前に支払ったリース料から受け取ったリース・インセンティブを控除した金額，発生した当初直接コストおよびリースの契約条件で要求されている原資産の解体及び除去，原資産の敷地の原状回復又は原資産の原状回復の際に借手に生じるコストの見積りの合計で構成されています。

開始日後においては，原価モデルを採用し，取得原価から減価償却累計額および減損損失累計額を控除して測定しています。使用権資産は，当社グループがリース期間の終了時に原資産の所有権を取得する場合を除き，開始日から使用権資産の耐用年数の終了時又はリース期間の終了時のいずれか早い方まで定額法を用いて減価償却しています。使用権資産の耐用年数は有形固定資産と同様の方法で決定しています。

③ リース負債

リースの開始日にリース負債を認識しています。リース負債はリース開始日現在で支払われていないリース料の現在価値で測定しています。当該リース料は，リースの計算利子率が容易に算定できる場合には，当該利子率を用いて割り引いていますが，そうでない場合には，追加借入利子率を用いて割り引いています。リース負債の測定に含まれているリース料は，主に固定リース料，延長オプションの行使が合理的に確実である場合の延長期間のリース料およびリース期間が借

手によるリース解約オプションの行使を反映している場合の解約に対するペナルティの支払額で構成されています。

　開始日後においては，リース負債は実効金利法を用いて償却原価で測定しています。その上で，指数またはレートの変更により将来のリース料に変更が生じた場合，残価保証に基づいた支払金額の見積りに変更が生じた場合，または延長オプションや解約オプションの行使可能性の評価に変更が生じた場合，リース負債を再測定しています。

　リース負債が再測定された場合には，リース負債の再測定の金額を使用権資産の修正として認識しています。ただし，リース負債の再測定による負債の減少額が使用権資産の帳簿価額より大きい場合，使用権資産をゼロまで減額したあとの金額は純損益で認識します。

(9)　のれんを除く有形固定資産，使用権資産および無形資産の減損 …………

　当社グループは，各四半期末に，有形固定資産，使用権資産および無形資産が減損損失に晒されている兆候の有無を判定するために，有形固定資産，使用権資産および無形資産の帳簿価額をレビューしています。

　減損の兆候がある場合には，減損損失の程度を算定するために，回収可能価額の見積りを行っています。個別資産の回収可能価額を見積もることができない場合には，当社グループは，その資産の属する資金生成単位の回収可能価額を見積もっています。

　耐用年数が確定できない無形資産および未だ利用可能でない無形資産は，減損の兆候がある場合，および減損の兆候の有無に関わらず連結会計年度の一定時期に，減損テストを実施しています。

　回収可能価額は，「処分コスト控除後の公正価値」と「使用価値」のいずれか高い方となります。

　使用価値の評価に際しては，貨幣の時間的価値および当該資産に固有のリスクを反映した税引前割引率により見積もった将来キャッシュ・フローを，現在価値に割り引くことにより測定しています。

　資産（または資金生成単位）の回収可能価額が帳簿価額を下回った場合，資産

（または資金生成単位）の帳簿価額は回収可能価額まで減額されます。

減損損失を事後に戻入れる場合，当該資産（または資金生成単位）の帳簿価額は，過去の期間において当該資産（または資金生成単位）について認識した減損損失がなかったとした場合の資産（または資金生成単位）の帳簿価額を超えない範囲で，改訂後の見積回収可能価額まで増額しています。

（10） 引当金

引当金は，過去の事象から生じた現在の法的または推定的債務で，当該債務を決済するために経済的便益が流出する可能性が高く，当該債務について信頼性のある見積りができる場合に認識しています。

引当金は，貨幣の時間的価値の影響が重要な場合，見積将来キャッシュ・フローを貨幣の時間的価値および当該負債に特有のリスクを反映した税引前の割引率を用いて，現在価値に割り引いています。時の経過に伴う割引額の割戻しは純損益で認識しています。

主な引当金の内容は以下のとおりです。

① 資産除去債務

賃借契約終了時に原状回復義務のある賃借事務所の原状回復費用見込額について，資産除去債務を計上しています。これらの費用の金額や支払時期の見積りは，現在の事業計画等に基づくものであり，将来の事業計画等により今後変更される可能性があります。

② ポイント引当金

販売促進を目的とするポイント制度に基づき，会員へ付与したポイントの利用に備えるため，将来利用されると見込まれる額を計上しています。なお，当該ポイントの会員による利用には不確実性があります。

（11） 売却目的保有に分類された資産および処分グループ

継続的使用よりも主に売却取引により回収が見込まれる資産および処分グループについて，1年以内に売却する可能性が高く，現状で直ちに売却することが可能で，経営者が売却計画の実行を確約している場合には，売却目的保有に分類し

ています。

　当社グループが，子会社に対する支配の喪失を伴う売却計画を確約し上記の条件を満たす場合は，当社グループが売却後にその子会社の非支配持分を保有するか否かにかかわらず，その子会社の資産および負債を売却目的保有に分類しています。

　売却目的保有に分類した資産は，帳簿価額と売却コスト控除後の公正価値のいずれか低い金額で測定しています。

　また，売却目的保有への分類後は，有形固定資産および無形資産の減価償却または償却は行いません。

（12）　株式に基づく報酬

　当社グループは，取締役および従業員等に対するインセンティブ制度として，ストック・オプション制度，役員報酬 BIP 信託を用いた株式報酬制度，株式交付制度，株式給付信託（J-ESOP）を導入しています。ストック・オプション制度および役員報酬 BIP 信託を用いた株式報酬制度は持分決済型株式報酬として，株式交付制度および株式給付信託（J-ESOP）は持分決済型株式報酬または現金決済型株式報酬として会計処理しています。持分決済型の株式に基づく報酬は付与日における資本性金融商品の公正価値で測定しています。ストック・オプションの公正価値は，オプションの諸条件を考慮し，ブラック・ショールズモデルや二項モデル，モンテカルロ・シミュレーション等を用いて算定し，役員報酬 BIP 信託を用いた株式報酬制度，株式交付制度，株式給付信託（J-ESOP）の公正価値は，付与日の株価を用いて算定しています。

　持分決済型の株式に基づく報酬の付与日に決定した公正価値は，権利確定期間にわたって定額法により費用計上し，同額を資本の増加として認識しています。また，条件については各四半期末において定期的に見直し，必要に応じて権利確定数の見積りを修正しています。

　現金決済型の株式に基づく報酬は，発生した負債の公正価値で測定しています。当該負債の公正価値は，期末日および決済日に再測定し，公正価値の変動を純損益に認識しています。

(13) 売上収益 ···

　IFRS第15号の適用に伴い，以下の5ステップアプローチに基づき，顧客への財やサービスの移転との交換により，その権利を得ると見込む対価を反映した金額で収益を認識しています。

　ステップ1：顧客との契約を識別する。

　ステップ2：契約における履行義務を識別する。

　ステップ3：取引価格を算定する。

　ステップ4：取引価格を契約における履行義務へ配分する。

　ステップ5：履行義務を充足した時点で（又は充足するに応じて）収益を認識する。

　顧客に支払われる対価は，それが顧客から受け取る財又はサービスの対価であるものを除き，取引価格から控除しています。

　また，顧客との契約の獲得又は履行のためのコスト（以下，契約コスト）のうち，回収が見込まれる部分について，資産として認識しています。契約コストから認識した資産については，顧客との見積契約期間にわたり定額法で償却しています。

　当社グループにおける各事業の主要な収益認識基準は以下のとおりです。

① メディア事業

　メディア事業は，主に広告商品の企画・販売・掲載をするための各サービスの企画・運営，情報掲載サービスの提供およびその他法人向けのサービスを提供しています。

　主な売上収益は，検索広告，ディスプレイ広告，アカウント広告等であり，以下のとおり収益を認識しています。

a. ヤフー広告サービス ···

　主に広告主向けにヤフー広告サービスを提供しており，検索広告，ディスプレイ広告等から構成されます。

　検索広告は，広告主や広告代理店向けに販売している広告商品です。「Yahoo! JAPAN」上で検索をした際，その検索キーワードに応じて検索結果ページに表示され，掲載された広告がクリックされた場合に課金されます。広告主および広告代理店に広告運用ツールを提供し，その設定依頼に従い掲載を行うことが履行義務になります。検索広告は，ウェブサイト閲覧者が検索広告をクリックした時点

で，顧客が設定したクリック料金に基づき収益を認識しています。

ディスプレイ広告は，ディスプレイ広告（予約型）およびディスプレイ広告（運用型）からなります。

ディスプレイ広告（予約型）は，「ブランドパネル」や「プライムディスプレイ」等，「Yahoo! JAPAN」の各種プロパティ内に表示され，画像や映像等を用いた多彩な広告表現が可能な広告商品です。主な顧客は広告代理店です。ビューアブルインプレッション購入型，枠購入型，時間帯ジャック購入型の期間販売で，契約に則して掲載することが履行義務になります。ディスプレイ広告（予約型）は，ウェブサイト上に広告が掲載される期間にわたって収益を認識しています。

ディスプレイ広告（運用型）は，広告主や広告代理店向けに販売している広告商品であり，ターゲット条件を設定し，条件に一致するユーザーが閲覧している「Yahoo! JAPAN」や提携サイトに広告配信を行います。広告主および広告代理店に広告運用ツールを提供し，その設定依頼に従い掲載を行うことが履行義務になります。ディスプレイ広告（運用型）は，ウェブサイト閲覧者がコンテンツページ上の広告をクリックした時点で，顧客が設定したクリック料金に基づき収益を認識しています。

b．LINE広告サービス

主に広告主向けに LINE 広告サービスを提供しており，ディスプレイ広告，アカウント広告等から構成されます。

ディスプレイ広告は，主に LINE VOOM，LINE NEWS に掲載される広告で，インプレッション，ビュー，クリック等の特定のアクションを基に対価を受領します。随時ユーザーに対して広告を表示することが履行義務となり，契約条件で規定された特定のアクションを充足した時点で，収益を認識しています。

アカウント広告は，主に LINE 公式アカウント，LINE スポンサードスタンプから構成されます。LINE 公式アカウントは，企業等の広告主が，当該広告主を「友だち」として追加した LINE ユーザーに直接メッセージを送信することができるサービスです。LINE 公式アカウントを契約期間にわたり維持するとともに，広告主がいつでも LINE ユーザーにメッセージを送信できるようにすることが履行義務となります。そのため，契約期間にわたり LINE 公式アカウント登録利用の

収益を認識しています。LINE スポンサードスタンプは，LINE 公式アカウントの広告主が，無料でダウンロードすることができる LINE スポンサードスタンプを LINE ユーザーに提供することができるサービスです。契約期間にわたりユーザーが望むときにいつでもスポンサードスタンプを利用できるようにすることが広告主に対する履行義務となります。そのため，契約期間にわたり収益を認識しています。

② **コマース事業**

コマース事業は，主に中小企業や個人向けにインターネットを介して商品の販売やサービスの企画・提供をしています。

主な売上収益は，アスクルグループの物品販売サービス，「ZOZOTOWN」や「ヤフオク！」等の e コマース関連サービス，「Yahoo! プレミアム」等の会員向けサービスであり，以下のとおり収益を認識しています。

a. アスクルグループの物品販売サービス

アスクルグループは，オフィス関連商品等の販売事業を行っており，主な顧客は中小企業等の法人および個人ユーザーになります。物品販売の収益は，顧客が物品の使用を指図し，当該物品から残りの便益のほとんど全てを獲得する能力を有することとなる，顧客が物品に対する支配を獲得した時点で認識しています。

b. 「ZOZOTOWN」

主に「ZOZOTOWN」内にテナント形式で出店する各ブランドの代理人として，個人ユーザー向けに商品の受託販売を行っており，顧客が物品に対する支配を獲得した時点で，商品取扱高に各手数料率を乗じた受託販売手数料を収益として認識しています。

c. 「ヤフオク！」

個人ユーザーや法人向けにネットオークションサービスを提供しており，オークション取引が成立した時点で，落札金額に応じた出品者に対する落札システム利用料を収益として認識しています。

d. 「Yahoo! プレミアム」

個人ユーザー向けに様々な会員特典を受けられる「Yahoo! プレミアム」を販売しており，会員資格が有効な期間にわたって収益を認識しています。

（14） 退職給付

当社グループでは主に確定拠出制度を採用しています。確定拠出制度は，雇用主が一定額の掛金を他の独立した基金に拠出し，その拠出額以上の支払いについて法的または推定的債務を負わない退職給付制度です。確定拠出制度への拠出は，従業員がサービスを提供した期間に費用として認識し，未払拠出額を債務として認識しています。

（15） 法人所得税

法人所得税は当期税金および繰延税金から構成され，企業結合から生じる税金，およびその他の包括利益または直接資本に認識する項目から生じる税金を除き，純損益で認識しています。

① 当期税金

当期税金は税務当局に対する納付または税務当局からの還付が予想される金額で測定し，税額の算定は，当連結会計年度末に制定または実質的に制定されている税率および税法を使用しています。

② 繰延税金

繰延税金資産は，将来減算一時差異，繰越欠損金および繰越税額控除について，将来の課税所得により使用できる可能性が高い範囲内で認識しています。また，繰延税金資産は各四半期末に回収可能性の見直しを実施しています。繰延税金負債は，原則として将来加算一時差異について認識しています。

なお，以下の一時差異に対しては，繰延税金資産または負債を認識していません。

- ・企業結合以外の取引で，かつ会計上の利益にも課税所得にも影響を及ぼさない取引における資産または負債の当初認識から生じる一時差異
- ・のれんの当初認識から生じる将来加算一時差異
- ・子会社および関連会社に対する投資に係る将来減算一時差異のうち，予測可能な将来に当該一時差異が解消する可能性が高くない場合または当該一時差異の使用対象となる課税所得が稼得される可能性が高くない場合
- ・子会社および関連会社に対する投資に係る将来加算一時差異のうち，一時差

異の解消時期をコントロールすることができ，予測可能な将来に当該一時差
異が解消しない可能性が高い場合

　繰延税金資産および負債は，当連結会計年度末に制定または実質的に制定され
ている法律に基づいて，当該資産が実現されるまたは負債が決済される時点にお
いて適用されると予測される税率を用いて測定しています。

　繰延税金資産および負債は，当期税金資産および負債を相殺する法律上強制力
のある権利を有し，かつ，法人所得税が同一の税務当局によって同一の納税主体
に課されている場合に相殺しています。

　IAS第12号（改訂）の一時的な救済措置に応じて，第2の柱モデルルールの法
人所得税に係る繰延税金資産および繰延税金負債に関する認識および情報の開示
に対する例外規定を適用しています。

（16）　自己株式

　自己株式を取得した場合は，直接取引費用を含む税効果考慮後の支払対価を，
資本の控除項目として認識しています。自己株式の購入，売却または消却におい
て損益は認識していません。なお，帳簿価額と売却時の対価との差額は資本剰余
金として認識しています。

（17）　1株当たり利益

　基本的1株当たり当期利益は，親会社の所有者に帰属する当期利益を，その期
間の自己株式を調整した発行済普通株式の加重平均株式数で除して算定していま
す。

　希薄化後1株当たり当期利益は，全ての希薄化効果のある潜在株式が転換され
たと仮定して，親会社の所有者に帰属する当期利益および自己株式を調整した発
行済普通株式の加重平均株式数を調整することにより算定しています。

（18）　政府補助金

　政府補助金は，補助交付のための付帯条件を満たし，補助金を受領することに
ついて合理的な保証が得られた時に認識しています。収益に関する政府補助金は，

補助金により保証される費用が認識される期間にわたって，純損益として認識しています。純損益として認識された補助金については，関連する費用から控除しています。資産に関する政府補助金は，当該補助金の金額を資産の取得原価から控除しています。

(19) 会計方針の変更

当社グループが当連結会計年度より適用している基準書および解釈指針は以下のとおりです。

基準書	基準名	新設・改訂の概要
IAS第12号（改訂）	法人所得税	「国際的な税制改革− 第2の柱モデルルール」に関連する繰延税金資産及び繰延税金負債の認識及び情報開示に対する一時的な例外規定

IAS第12号（改訂）「法人所得税」の適用が，当連結会計年度の連結財務諸表に与える重要な影響はありません。

2 財務諸表等

（1） 財務諸表 ···

① 貸借対照表

（単位：百万円）

	前事業年度 （2022年3月31日）	当事業年度 （2023年3月31日）
資産の部		
流動資産		
現金及び預金	130,277	89,821
売掛金	526	479
前払費用	1,565	1,756
未収入金	903	407
関係会社短期貸付金	423,084	280,300
未収還付法人税等	–	8,513
その他	3,205	35,587
貸倒引当金	△22	△24
流動資産合計	559,539	416,841
固定資産		
有形固定資産		
建物	43	39
工具、器具及び備品	4	2
車両運搬具	–	2
有形固定資産合計	47	45
無形固定資産		
ソフトウエア	55	204
無形固定資産合計	55	204
投資その他の資産		
投資有価証券	5,055	4,173
関係会社株式	2,824,730	2,900,129
関係会社長期貸付金	161,600	182,540
その他	287	547
貸倒引当金	△3,616	△3,620
投資その他の資産合計	2,988,056	3,083,769
固定資産合計	2,988,159	3,084,019
資産合計	3,547,698	3,500,861

	前事業年度 （2022年3月31日）	当事業年度 （2023年3月31日）
負債の部		
流動負債		
短期借入金	175,370	199,900
未払金	4,205	3,417
未払費用	631	703
未払法人税等	3	517
預り金	176,035	80,507
1年内返済予定の長期借入金	※3 47,500	※3 47,500
その他	86,587	111,240
流動負債合計	490,333	443,785
固定負債		
社債	520,000	470,000
長期借入金	※3 198,750	※3 240,750
繰延税金負債	567	471
その他	－	111
固定負債合計	719,317	711,332
負債合計	1,209,651	1,155,118
純資産の部		
株主資本		
資本金	237,980	247,094
資本剰余金		
資本準備金	233,061	242,175
その他資本剰余金	1,804,500	1,804,500
資本剰余金合計	2,037,561	2,046,675
利益剰余金		
利益準備金	27	27
その他利益剰余金		
繰越利益剰余金	99,252	75,128
利益剰余金合計	99,279	75,156
自己株式	△54,086	△55,292
株主資本合計	2,320,734	2,313,634
評価・換算差額等		
その他有価証券評価差額金	1,763	1,410
評価・換算差額等合計	1,763	1,410
新株予約権	15,548	30,698
純資産合計	2,338,047	2,345,743
負債純資産合計	3,547,698	3,500,861

② 損益計算書

	前事業年度 （自 2021年4月1日 至 2022年3月31日）	当事業年度 （自 2022年4月1日 至 2023年3月31日）
営業収益		
関係会社受取配当金	90,439	51,563
その他の営業収益	1,845	1,708
営業収益合計	92,285	53,272
営業費用		
株式報酬費用	15,759	16,165
給料及び手当	2,177	2,769
業務委託費	3,635	3,081
減価償却費	10	15
租税公課	1,382	2,122
その他	5,070	6,626
営業費用合計	28,036	30,781
営業利益	64,248	22,491
営業外収益		
受取配当金	740	45
受取利息	4,956	7,088
その他	263	1,430
営業外収益合計	5,961	8,564
営業外費用		
支払利息	2,819	4,234
社債利息	2,191	2,487
支払手数料	2,651	3,620
その他	39	388
営業外費用合計	7,702	10,731
経常利益	62,506	20,323
特別利益		
投資有価証券売却益	3,499	1,474
関係会社株式売却益	8,315	–
関係会社清算益	–	669
特別利益合計	11,815	2,143
特別損失		
投資有価証券評価損	301	292
関係会社株式評価損	※2 18,257	131
特別損失合計	18,559	423
税引前当期純利益	55,762	22,043
法人税、住民税及び事業税	3	2,632
法人税等合計	3	2,632
当期純利益	55,758	19,411

③ 株主資本等変動計算書

前事業年度（自　2021年4月1日　至　2022年3月31日）

（単位：百万円）

	株主資本			
	資本金	資本剰余金		
		資本準備金	その他資本剰余金	資本剰余金合計
当期首残高	237,724	232,805	1,836,087	2,068,893
当期変動額				
新株の発行	255	255		255
剰余金の配当				
当期純利益				
自己株式の取得				
自己株式の消却			△31,587	△31,587
株主資本以外の項目の当期変動額（純額）				
当期変動額合計	255	255	△31,587	△31,331
当期末残高	237,980	233,061	1,804,500	2,037,561

	株主資本				
	利益剰余金			自己株式	株主資本合計
	利益準備金	その他利益剰余金 繰越利益剰余金	利益剰余金合計		
当期首残高	27	85,721	85,749	△17,385	2,374,982
当期変動額					
新株の発行					511
剰余金の配当		△42,228	△42,228		△42,228
当期純利益		55,758	55,758		55,758
自己株式の取得				△68,289	△68,289
自己株式の消却				31,587	
株主資本以外の項目の当期変動額（純額）					
当期変動額合計	–	13,530	13,530	△36,701	△54,247
当期末残高	27	99,252	99,279	△54,086	2,320,734

	評価・換算差額等		新株予約権	純資産合計
	その他有価証券評価差額金	評価・換算差額等合計		
当期首残高	2,297	2,297	23	2,377,303
当期変動額				
新株の発行				511
剰余金の配当				△42,228
当期純利益				55,758
自己株式の取得				△68,289
自己株式の消却				
株主資本以外の項目の当期変動額（純額）	△533	△533	15,524	14,991
当期変動額合計	△533	△533	15,524	△39,256
当期末残高	1,763	1,763	15,548	2,338,047

当事業年度（自　2022年4月1日　至　2023年3月31日）

（単位：百万円）

	株主資本			
	資本金	資本剰余金		
		資本準備金	その他資本剰余金	資本剰余金合計
当期首残高	237,980	233,061	1,804,500	2,037,561
当期変動額				
新株の発行	9,114	9,114		9,114
剰余金の配当				
当期純利益				
自己株式の取得				
株主資本以外の項目の当期変動額（純額）				
当期変動額合計	9,114	9,114	－	9,114
当期末残高	247,094	242,175	1,804,500	2,046,675

	株主資本				
	利益剰余金			自己株式	株主資本合計
	利益準備金	その他利益剰余金	利益剰余金合計		
		繰越利益剰余金			
当期首残高	27	99,252	99,279	△54,086	2,320,734
当期変動額					
新株の発行					18,228
剰余金の配当		△43,535	△43,535		△43,535
当期純利益		19,411	19,411		19,411
自己株式の取得				△1,205	△1,205
株主資本以外の項目の当期変動額（純額）					
当期変動額合計	－	△24,123	△24,123	△1,205	△7,100
当期末残高	27	75,128	75,156	△55,292	2,313,634

	評価・換算差額等		新株予約権	純資産合計
	その他有価証券評価差額金	評価・換算差額等合計		
当期首残高	1,763	1,763	15,548	2,338,047
当期変動額				
新株の発行				18,228
剰余金の配当				△43,535
当期純利益				19,411
自己株式の取得				△1,205
株主資本以外の項目の当期変動額（純額）	△353	△353	15,149	14,796
当期変動額合計	△353	△353	15,149	7,695
当期末残高	1,410	1,410	30,698	2,345,743

【注記事項】
（重要な会計方針）
1　有価証券の評価基準及び評価方法 ･･･････････････････････････････････
（1）　満期保有目的の債券 ･････････････････････････････････････
償却原価法

（2）　子会社株式および関連会社株式 ･･･････････････････････････
移動平均法による原価法

（3）　その他有価証券 ･･
市場価格のない株式等以外のもの
時価法（評価差額は全部純資産直入法により処理し，売却原価は移動平均法
により算定）
市場価格のない株式等
移動平均法による原価法なお，投資事業有限責任組合およびそれに類する組
合への出資（金融商品取引法第2条第2項により有価証券とみなされるもの）
については，組合契約に規定される決算報告日に応じて入手可能な最近の決
算書を基礎とし，持分相当額を純額で取り込む方法で計上しています。

2.　固定資産の減価償却の方法 ･･･････････････････････････････････
（1）　有形固定資産 ･･
定額法

（2）　無形固定資産 ･･
ソフトウェア
定額法
なお，自社利用のソフトウェアについては，社内における利用可能期間（5年）
に基づく定額法を採用しています。

3. 引当金の計上基準 ·····

（1） 貸倒引当金 ·····

　債権の貸倒れによる損失に備えるため，一般債権については貸倒実績率により，貸倒懸念債権等特定の債権については個別に回収可能性を検討し，回収不能見込額を計上しています。

（2） 役員賞与引当金 ·····

　役員賞与の支出に備えるため，当事業年度における支給見込額に基づき計上しています。

4. 収益の計上基準 ·····

　以下の5ステップアプローチに基づき，顧客への財やサービスの移転との交換により，その権利を得ると見込む対価を反映した金額で収益を認識しています。

　ステップ1：顧客との契約を識別する。

　ステップ2：契約における履行義務を識別する。

　ステップ3：取引価格を算定する。

　ステップ4：取引価格を契約における履行義務へ配分する。

　ステップ5：履行義務を充足した時点で（又は充足するに応じて）収益を認識する。

　当社の顧客との契約から生じた主たる収益は，当社の子会社に対する経営指導料です。経営指導にかかる契約については，当社の子会社に対し経営・企画等を行うことを履行義務として識別しています。当該履行義務は契約期間にわたって，その他の営業収益として認識しています。

（表示方法の変更）

　（損益計算書関係）

　前事業年度において，独立掲記していた営業費用「支払報酬」「ライセンス料」は，重要性が乏しくなったため，当事業年度より「その他」に含めて表示しています。

（追加情報）

（連結子会社との組織再編）

　当社は，2023年4月28日の取締役会において，当社ならびにLINE（株）及びヤフー（株）を中心とした再編に係る契約の締結時期（予定）及び完了時期（効力発生日）（予定）について決議しました。

1　結合当事企業の名称及びその事業の内容 ···

（存続会社）（予定）

　　名称：Zホールディングス株式会社

　　事業の内容：グループ会社の経営管理，並びにそれに付随する業務

（被結合企業）（予定）

　　名称：LINE株式会社

　　事業の内容：モバイルメッセンジャー・アプリケーション「LINE」を基盤とした広告サービス，スタンプ販売及びゲームサービス等を含むコア事業並びにFintech，AI及びコマースサービスを含む戦略事業の展開

　　名称：ヤフー株式会社

　　事業の内容：イーコマース事業，会員サービス事業，インターネット上の広告事業など

　　名称：Z Entertainment株式会社

　　事業の内容：広告事業，課金事業，会員サービス事業など

　　名称：Zデータ株式会社事業の内容：Zホールディングスグループ各社のデータ利活用の推進

2　企業結合日 ···

2023年10月1日（予定）

第2章

情報通信・IT業界の
"今"を知ろう

企業の募集情報は手に入れた。しかし，それだけでは
まだ不十分。企業単位ではなく，業界全体を俯瞰する
視点は，面接などでもよく問われる重要ポイントだ。
この章では直近1年間の運輸業界を象徴する重大
ニュースをまとめるとともに，今後の展望について言
及している。また，章末には運輸業界における有名企
業（一部抜粋）のリストも記載してあるので，今後の就
職活動の参考にしてほしい。

▶▶人をつなぐ，世界をつなぐ
情報通信・IT 業界の動向

　「情報通信・IT」は，情報通信や情報技術に関わる業界である。時代は「パソコン」から，スマートフォン，タブレット端末といった「モバイル」へとシフトしている。

❖ IT情報サービスの動向

　情報技術（IT）の適用範囲は，さまざまな企業や職種，そして個人へと加速度的に広がっている。2022年の国内IT市場規模は，前年比3.3％増の6兆734億円となった。ITサービス事業者の業務にリモートワークが定着し，停滞していた商談やプロジェクト，サービス提供が回復したことが要因と見られる。

　引き続きスマートフォンが市場を牽引しているが，今後，海外市場での需要の高まりなどを背景に，設備投資を拡大する組立製造，電力自由化において競争力強化を行う電力／ガス事業，eコマース（EC）がSNSを中心とした新たなチャネルへ移行している情報サービスなどで，高い成長率が期待される。

　また，クラウド化やテレワーク対応などのデジタルトランスフォーメーション（DX）需要がコロナ禍において急増，コロナ後も需要は継続している。

●グローバルな再編が進むIT企業

　新しいツールを駆使したビジネスにおいて，進化の早い技術に対応し，標準的なプラットフォームを構築するためにも，グローバル化は避けて通れない道である。2016年，世界第3位のコンピューターメーカーの米Dellが，ストレージ（外部記憶装置）最大手のEMCを約8兆円で買収した。この巨大買収によって誕生した新生Dellは，仮想化ソフト，情報セキュリティ，クラウド管理サービスなど事業領域を大幅に拡大する。国内企業では，システム構築で業界トップのNTTデータが，2016年3月にDellのITサービ

ス部門を買収した。買収額は約3500億円で，NTTグループでは過去3番目の大型買収である。NTTデータは，2000年代後半から国内市場の成長鈍化を見据えて，欧米を中心にM＆Aを展開してきた。過去12年間で約6000億円を投じ，50社以上を買収したことで，2006年3月期に95億円だった海外売上高は2018年3月期には9080億となっている。同期の全売上高は2兆1171億円で，半分近くを海外での売上が占めている。また，NTTグループは2016年から，産業ロボット大手のファナックとも協業を開始している。ファナックは，製造業のIoT（Internet of Things＝すべてのもののインターネット化）を実現するためのシステム開発を進めており，この運用開始に向けて，ビジネスの拡大をともに目指している。

　ソフトバンクグループもまた，2016年に約3.3兆円で，英半導体設計大手のARMを買収した。日本企業による海外企業買収では，過去最大の規模となる。ARMは，組み込み機器やスマートフォン向けCPUの設計で豊富な実績を持つ企業であり，この買収の狙いも「IoT」にある。あらゆるものをインターネットに接続するためには，携帯電話がスマホになったように，モノ自体をコンピューター化する必要がある。近い将来，IoTが普及すれば，ARM系のCPUがあらゆるものに搭載される可能性につながっていく。

● IoT，ビッグデータ，AI —— デジタル変革の波

　IT企業のグローバル化とともに，近年注目を集めているのが「デジタルトランスフォーメーション（デジタル変革）」である。あらゆる情報がIoTで集積され，ビッグデータやAI（人工知能）を駆使して新たな需要を見出し，それに応える革新的なビジネスモデルが次々と登場している。

　2022年から2023年にかけて話題をさらったのは，米オープンAI社による「チャットGPT」だった。AIによる自然で高度な会話に大きな注目が集まった。米マイクロソフトは2023年1月にオープンAIへの1兆円規模の追加融資を発表。チャットGPTを組み込んだ検索や文章作成などの新サービスを次々と発表した。

　生成AIは従来のAIに比べて性能が飛躍的に向上。前出の文章作成に加え，プログラミングやAIアートなど，その用途は多岐にわたる。今後は生成AIを活用した業務・サービス改善にも注目が集まる。

● サービスのトレンドは，シェアリングエコノミー

　シェアリングエコノミーとは，インターネットを通じて個人や企業が保有

している使っていない資産の貸し出しを仲介するサービスのこと。たとえば，自動車を複数人で利用する（ライドシェア），空き家や駐車場，オフィスを有効活用する（スペースシェア）などがある。

米国のウーバーが提供しているのは「自動車を利用したい人」と「自動車を所有していて空き時間のある人」をマッチングする配車・カーシェアリングサービス。サービスはアプリに集約されており，GPSで利用者の位置情報を把握して，配車する。車の到着時間といった情報もスマートフォンを通して的確に伝えられる。ウーバーには，2017年にソフトバンクが出資しており，2018年10月にはソフトバンクとトヨタ自動車が新しいモビリティサービスの構築に向けた提携で合意，新会社も設立した。国内のライドシェアサービスには，オリックス自動車や三井不動産レアルティなど，駐車場やレンタカー事業を運営していた大手企業も参入している。

スペースシェアとしては，家の有効活用として，民泊サービスで有名なエアービー・アンド・ビーがある。このほかにも，駐車場のシェアサービスが，パーク24といった駐車場大手企業も参加して始まっている。また，フリマアプリの「メルカリ」やヤフーオークションも，不要物の再活用という意味でモノのシェアといえる。モノをシェア／再活用するニーズは，若者を中心に広がっており，小売大手の丸井グループがブランドバッグのシェアサービス「Laxus」と事業提携するなど，今後，成長が期待できる分野といえる。

❖ 通信サービスの動向

携帯通信業界は，自前の回線を有するNTTドコモ，KDDI（au），ソフトバンクの3社（キャリア）を中心に伸びてきた。総務省によれば，日本の携帯電話の契約数は2022年3月の時点で2億302万件となっている。スマホの普及により，高齢者や10代の利用者が増加しており，市場としては，引き続き右肩上がりの成長となっている。しかし，その一方で，たとえばソフトバンク全体の事業において，国内の固定・携帯電話で構成される国内通信事業の売上高は，すでに4割を割っている。NTTグループでも，NTTデータとNTT都市開発の売上高が，全体の2割にまで伸びており，ITサービスカンパニーとして軸足を海外事業に移している。KDDIもまた，住友商事と共にモンゴルやミャンマーで携帯事業に参入してトップシェアを獲得す

るなど，海外進出を拡大させている。国内の通信事業は成熟期を迎えており，今後，契約件数の伸びが期待できないなか，大手3社は新たな収益の実現に向けて，事業領域を拡大する段階に入っている。

●楽天モバイル「0円プラン」廃止で競争激化

　総務省は，2016年よりNTTドコモ，KDDI（au），ソフトバンクの携帯大手に対して，高止まりしているサービス料金の引き下げを目的に，スマートフォンの「実質0円販売」の禁止など，さまざまな指導を行ってきた。2019年10月施行の改正電気通信事業法では，通信契約を条件とする2万円以上の端末値引きが禁じられるとともに，途中解約への違約金上限も大幅に下げられた。

　なかでも有効な政策となっているのが，格安スマホ業者（MVNO）への支援である。MVNOは，通信インフラを持つ大手3社の回線を借りて，通信や通話サービスを提供する事業者のこと。総務省の後押しなどもあり，MVNOの事業者数は2019年3月の時点で1000社を超えた。また，利用者も着実に増えており，調査会社MM総研によると，格安スマホの契約回線数は，2020年3月末には1500万件を超えた。

　モバイル市場全体に占める割合を順調に伸ばしてきたMVNOだが，ここにきてやや苦戦が見られる。大手キャリアが投入する格安プランの好調により，割安感の低下が響いたことが原因に挙げられる。話題となった「0円プラン」が廃止となり，顧客離れの影響を大きく受けた楽天モバイルは，KDDI回線のデータ使用量を無制限にした「Rakuten 最強プラン」を2023年6月に開始したが，巻き返しには至っていない。

●IoTへの対応を見据えた5G

　技術面で注目を集めているのが，2020年に商用化された次世代通信規格の5Gである。5Gは，現行の4Gに比べ，大容量，同時多接続，低遅延・高信頼性，省電力・低コストといった特徴がある。IoTの普及に必須のインフラ技術とされており，これまでの通信規格に求められてきたものに加え，将来期待されるさまざまなサービスへの対応も求められている。低遅延化・高信頼性については，たとえば，自動車の自動運転のような安全・確実性が求められるサービスにおいては必須の要件となる。また，同時多接続は，今後，携帯電話だけでなく，IoTで接続される機器の爆発的な増加が予想されることから，4Gの100倍の接続数が求められている。

キャリア各社はすでに，コンテンツサービスの拡充，ロボットの遠隔操作，自動運転などの実証実験を進めている。MVNOに対して，スマートフォン向け回線サービスは提供されたとしても，すべてのサービスが対象となるかは不透明といえる。5Gの普及によって，キャリアの携帯ゆえに享受できるサービスが大きく進化すれば，料金の安さでMVNOを選択している利用者の判断にも影響が出る可能性もある。

❖ eコマース（EC）市場の動向

インターネットを通じて商品やサービスを売買する「eコマース」（EC）は順調に拡大しており，経済産業省の発表では，2021年の消費者向け（BtoC）電子商取引の市場規模は20兆6950億円となった。

市場を牽引してきたのは，楽天とアマゾン，そして，YahooやZOZOを傘下に抱えるZホールディングスである。楽天やZホールディングスは企業や個人の出品者に売り場を提供する「モール型」，アマゾンは自社で商品を仕入れる「直販型」が主流だったが，近年はアマゾンも「モール型」のビジネスを取り入れている。また，会費制の「アマゾン プライム」では，映画や音楽の無料視聴，写真データの保存など，多くのサービスを展開している。2017年4月からは生鮮食品を扱う「アマゾン フレッシュ」を開始，ネットスーパー業界にも進出した。楽天は米ウォルマートと業務提携し，ネットスーパーを開始するほか，朝日火災海上保険（楽天損害保険）や仮想通貨交換業のみんなのビットコインを買収するなど，通販以外の分野にも投資を続けている。Zホールディングスは21年3月には　LINEを経営統合。両者の顧客基盤を掛け合わせた新たなサービスを模索し，国内首位を目指している。

コロナ禍の巣篭もり特需で，3社とも売上を大きく伸ばした。利用習慣の定着化により，中小企業や個人の販売も拡大している。

●フリマアプリの躍進と越境ECの伸長

フリマアプリでは「メルカリ」が国内で強さを誇る。メルカリは，個人間（CtoC）による物品売買を行うスマホアプリとして，2013年7月に国内サービスを開始した。誰でも簡単にスマホで売りたいものを撮影して，マーケットプレイスに出品できる手軽さと，個人情報を知られずに取引を完了できるといったきめ細かいサービスが爆発的人気の背景にある。しかし，新型

コロナウイルスによる巣ごもり特需が終了し，EC市場に逆風が吹いたこともあり，やや伸び悩みが見られる。2022年の6月期決算では売上高は1470億円と前年比38.6％増となったが，営業利益はマイナス37億と赤字決算になってしまった。

　「越境EC」といわれる海外向けのネット通販も，市場を拡大している。中国ではモバイル端末の普及が進み，中国インターネット情報センター（CNNIC）の発表では2020年6月時点でネット利用者は9億人とされている。2019年の中国国内EC売上高は約204兆円に達し，越境ECも10兆円を超えている。2014年に，中国最大のECサイト・アリババが海外業者向けの「天猫国際」を開設した。現在，メーカーから流通，小売まで，多くの日本企業が出店し，大きな成果を上げている。にサービスを開始し，2016年，2017年には中国における越境ECのトップシェアを獲得している。同社は，2017年には日本支社も設立，認知拡大，商品の仕入れ活動を本格化させている。経済産業省によると，2017年度の中国人による越境ECを通じた日本からの購入金額は1兆2978億円だった。日本の事業者にとって，越境ECの利用は，海外に直接出店するリスクがなく，マーケットは広がり，初期投資を抑えながら海外進出を狙えるメリットがある。

情報通信・IT業界

直近の業界各社の関連ニュースを
ななめ読みしておこう。

Google、生成AIで企業需要開拓　Microsoftに対抗

米グーグルが文章や画像を自動で作る生成AI（人工知能）で企業需要の開拓に本腰を入れる。生成AIを組み込んだサービスを開発するための基盤を整え、コストを左右する半導体の自社開発も強化する。企業向けで先行する米マイクロソフトに対抗し、早期の投資回収につなげる。

グーグルのクラウドコンピューティング部門で最高経営責任者（CEO）を務めるトーマス・クリアン氏が日本経済新聞の取材に応じた。同氏は「経済が不安定で一部の企業がIT（情報技術）投資を減速させる一方、AIを使って業務を自動化するプロジェクトが増えてきた」と述べた。

同社はクラウド部門を通じて企業に生成AI関連のサービスを提供する。クリアン氏はサービス開発に使う大規模言語モデルなどの種類を増やし、企業が目的に応じて選べるようにすることが重要だと指摘した。自社開発に加え外部からも調達する方針で、米メタや米新興企業のアンソロピックと連携する。

半導体の調達や開発も強化する。AI向けの画像処理半導体（GPU）を得意とする米エヌビディアとの関係を強め、同社の最新モデル「GH200」を採用する。一方、自社開発も強化し、学習の効率を従来の2倍に高めた「TPU」の提供を始めた。クリアン氏は人材採用などにより開発体制をさらに強化する考えを示した。

グーグルは生成AIを使った米ハンバーガーチェーン大手、ウェンディーズの受注システムの開発を支援したほか、米ゼネラル・モーターズ（GM）と車載情報システムへの対話AIの組み込みで協力している。企業による利用を増やすため、「成果を上げやすいプロジェクトを一緒に選定し、コストなどの効果を測定しやすくする」（クリアン氏）としている。

大手企業に加えて、伸び代が大きい新興企業の取り込みにも力を入れる。クリアン氏は生成AI分野のユニコーン企業の70%、外部から資金提供を受けたAI

新興企業の50％が自社の顧客であると説明した。グーグルのサービスを使うと学習や推論の効率を2倍に高められるといい、「資金の制約が大きい新興勢の支持を受けている」と説明した。

生成AIの企業向けの提供では米オープンAIと資本・業務提携し、同社の技術を利用するマイクロソフトが先行した。同社のサティア・ナデラCEOは4月、「すでにクラウド経由で2500社が利用し、1年前の10倍に増えた」と説明している。グーグルも企業のニーズにきめ細かく応えることで追い上げる。

生成AIの開発と利用に欠かせない高性能のGPUは奪い合いとなっており、価格上昇も著しい。この分野で世界で約8割のシェアを握るエヌビディアの2023年5～7月期決算は売上高が前年同期比2倍、純利益が9倍に拡大した。

生成AI開発企業にとっては先行投資の負担が高まる一方で、株式市場では「投資回収の道筋が明確ではない」といった声もある。グーグルやマイクロソフトなどのIT大手にも早期の収益化を求める圧力が強まっており、安定した取引が見込める企業需要の開拓が課題となっている。

各社が生成AIの投資回収の手段として位置付けるクラウド分野では、世界シェア首位の米アマゾン・ドット・コムをマイクロソフトが追い上げている。グーグルは3番手が定着しているが、クリアン氏は「（生成AIで業界構図が）変わる。将来を楽観している」と述べた。長年にわたって世界のAI研究をリードしてきた強みを生かし、存在感を高める考えだ。

（2023年9月3日 日本経済新聞）

Apple、日本拠点40周年　アプリ経済圏460億ドルに

米アップルは8日、アプリ配信サービス「アップストア」経由で提供された日本の商品やサービスの売上高が2022年に計460億ドル（約6兆5500億円）にのぼったと発表した。今年6月に拠点設立から丸40年を迎えた日本で、アップルの存在感は大きい。一方で規制強化の動きなど逆風もある。

ティム・クック最高経営責任者（CEO）は「我々は日本のものづくりの匠（たくみ）の技とデザインが持つ付加価値などについて話し合っている。記念すべき40周年を共に祝えて誇りに思う」とコメントを出した。日本の「アプリ経済圏」の460億ドルのうち、小規模な開発業者の売り上げは20～22年に32％増えたという。

1976年に故スティーブ・ジョブズ氏らが創業したアップル。7年後の83年6

月に日本法人を設けた。それまでは東レなどがパソコン「アップル2」の販売
代理店を担い、日本法人の立ち上げ後も一時はキヤノン系が販売を請け負った。
2003年には海外初の直営店を東京・銀座に開店し、今は福岡市や京都市など
に10店舗を構える。

もともとジョブズ氏は禅宗に通じ、京都を好むなど日本に明るいことで知られ
た。ソニーを尊敬し、創業者の盛田昭夫氏が死去した1999年のイベントでは
盛田氏の写真をスクリーンに映して「新製品を彼に喜んでほしい」と追悼の意
を表した。

01年に携帯音楽プレーヤー「iPod」を発売すると、「ウォークマン」やCDの
規格で主導していたソニーから音楽業界の主役の座を奪った。日本の家電メー
カーにとっては驚異的な存在だったとも言える。

アップルから見ると、日本は製造・販売両面で重要拠点だ。主力スマートフォ
ン「iPhone」で国内の電子部品市場は拡大し、1000社近い巨大なサプライ
チェーン（供給網）を築いた。「アプリ関連やサプライヤーで100万人を超え
る日本の雇用を支えている。過去5年間で日本のサプライヤーに1000億ドル
以上を支出した」と説明する。

販売面では一人勝ち状態が続く。調査会社MM総研（東京・港）によると、
22年のスマホの国内シェアはアップルが約49％と半分に迫り、携帯電話シェ
アで12年から11年連続で首位に立つ。タブレットのシェアも約50％、スマー
トウオッチも約60％にのぼる。

「爆発的に普及するとは全く思わなかった」。ジョブズ氏と縁のあった孫正義氏
が率いていたソフトバンクが「iPhone3G」を独占販売する際、他の通信大手
幹部は「冷ややかな目で見ていた」と振り返る。だが、iPhone人気でソフトバ
ンクは新規顧客を集め、通信業界の勢力図を塗り替えた。11年にはKDDI、
13年にNTTドコモが追随し、後に政府から批判される値引き競争や複雑な料
金プランにつながっていく。

日本の存在感の大きさはアップルの決算発表にも表れる。資料では毎回、米州、
欧州、中華圏、日本、その他アジア太平洋地域という5つの地域別売上高を
開示する。単体の国として分けているのは日本だけで、米テクノロジー大手で
は珍しい。

最近は陰りも見える。足元の日本の売上高は前年同期比11％減で、売上高全
体における比率は6％にとどまった。円安や値引き販売の抑制などが理由だが、
アップル関係者からは「製造も販売も我々は既にインドを見ている」という声
も上がる。

アプリ経済圏の先行きも不透明だ。政府のデジタル市場競争会議は6月、他社が運営する代替アプリストアをアップルが受け入れるよう義務付けるべきだと指摘した。販売減少や規制強化といった逆風を越えられるか──。次の40年に向けた新たな施策が求められる。

（2023年8月8日　日本経済新聞）

初任給、建設・ITで大幅増　若手確保に企業奔走

初任給を大幅に引き上げる企業が相次いでいる。2023年度の初任給伸び率ランキングをみると建設や運輸業界、情報ソフト、通信業界での引き上げが目立つ。新型コロナウイルス禍から経済活動が正常化に進む中、若手確保に動く企業が多いようだ。

日本経済新聞社が実施した23年度の採用計画調査をもとに大卒初任給の前年度比伸び率ランキングを作成。調査は4月4日までに主要企業2308社から回答を得た。

首位は商業施設の設計・施工などを手掛けるラックランドで30.7%増の26万6600円だった。初任給の引き上げは16年ぶりだ。加えて入社4年目まで基本給を底上げするベースアップ（ベア）を毎年3%実施する。施工管理者から営業、設計、メンテナンスまで幅広い人材獲得を目指す。

背景にあるのが年々増す採用の厳しさだ。人事担当者は「22年度は内定辞退が増え採用目標数を割った」と言う。引き上げ後の初任給は全業界平均22万8471円を大きく上回った。6月に解禁した24年卒の採用活動では社長面談の時期を早めるなど学生の獲得策を強化しており、「内定承諾のペースは昨年と比べると速い」という。

石油精製・販売の三愛オブリも大卒初任給を24.9%引き上げ26万円とした。同社は23年度に手当の一部を基本給に組み入れる賃金制度の改定で全社員の基本給が大幅増となった。空港の給油施設運営などを手掛けるなかで空港内作業者の初任給も同水準で引き上げており「採用に弾みをつけたい」とする。

航海士など特殊な技術や知識を要する人材も奪い合いだ。業種別の初任給伸び率ランキングで首位だった海運は業界全体で6.7%増と大幅に伸ばした。なかでもNSユナイテッド海運は大卒初任給で21.1%増の26万3700円。2年連続で初任給を引き上げた。

ゲームなどを含む情報ソフトや金融関連、通信業界なども初任給引き上げが顕

著だ。IT（情報技術）エンジニア確保が目的だ。実際、企業ランキング2位は
スクウェア・エニックス・ホールディングス。全社員の給与も平均10%引き
上げており、「物価高騰に加え新たに優秀な人材の獲得強化を見込む」とする。
実はゲーム業界に初任給引き上げドミノが起きている。バンダイナムコエン
ターテインメントは22年度に大卒初任給を前年度比25%上げて29万円とし
た。カプコンなども22年度に実施。23年度にはスクウェア・エニックスに加
え任天堂が1割増の25万6000円とした。中堅ゲーム会社幹部は「（優秀な人
材の）つなぎ留めのために賃上げをしないと、他社に流出してしまう」と危機
感を隠さない。

金融も初任給の引き上げが目立った。三井住友銀行は初任給を16年ぶりに引
き上げ、大卒で24.4%増の25万5000円とした。スマホ金融などの強化に
必要なデジタル人材はあらゆる業界で奪い合いになっている。

三井住友銀に続き、みずほフィナンシャルグループは24年に5万5000円、
三菱UFJ銀行も同年に5万円、それぞれ初任給を引き上げることを決めている。
ネット専業銀行や地方銀行も相次ぎ初任給引き上げに走っている。

一方、初任給の伸びが低かったのが鉄鋼業界。前年比ほぼ横ばいだった。初任
給は春季労使交渉で決まる場合が多く、鉄鋼大手は効率化などを目的に交渉を
2年に1度としている。23年は労使交渉がなかったことが影響したとみられる。
倉庫・運輸関連は前年比0.9%増、水産や自動車・部品が1%増となった。例
年に比べれば高い賃上げ率だが、各業界とも初任給の全体平均額を下回ってい
る。

過去にも人手不足感が高まると、初任給を引き上げる傾向が強まった。しかし
23年は企業の焦りが感じられる。初任給伸び率が2.2%増となり、10年以降
で最大の伸び率となっているのだ。24年度以降の持続性もカギとなりそうだ。
法政大学の山田久教授は「全体の賃金上昇傾向が続くかは経済の情勢次第で不
透明感が残るが、初任給引き上げ競争は今後も続くだろう」とみる。少子高齢
化で若年労働人口が減る中、企業はIT人材から現場労働者まで若手の採用力
強化が必須となっている。　　　　　　（2023年6月18日　日本経済新聞）

NVIDIAとTSMC、生成AIに専用半導体　年内投入へ

半導体設計大手の米エヌビディアと半導体受託生産首位の台湾積体電路製造
（TSMC）が、生成AI向けの専用半導体を年内に投入する。AIが回答を導き出

す過程の速度を前世代品に比べて最大12倍にする。半導体は「新型コロナウイルス特需」の反動で市況が悪化するなか、米台の2強が次の成長分野でリードを固める。

「(AI向け半導体の)需要は非常に強い。サプライチェーン(供給網)のパートナーとともに増産を急いでいる」

エヌビディアのジェンスン・ファン最高経営責任者(CEO)は30日、台北市内で記者会見し、生成AI向け市場の成長性を強調した。台湾出身のファン氏は同日開幕したIT(情報技術)見本市「台北国際電脳展」(コンピューテックス台北)に合わせて訪台した。

エヌビディアはAI分野で広く使われる画像処理半導体(GPU)を手掛け、AI向け半導体で世界シェア8割を握る。「Chat(チャット)GPT」に代表される対話型の生成AIの急速な進化を受け、AIのデータ処理に特化した専用半導体を年内に投入する。

エヌビディアが設計した半導体をTSMCが量産する。AIが質問への回答を導き出す「推論」のスピードを前世代品に比べて最大12倍に速める。

生成AIサービスの多くは、データセンターのサーバー上で開発・運用されている。GPUは膨大なデータをAIに学ばせて回答の精度を上げていく「学習」と、利用者から質問などを受けてAIが答えを導く「推論」の両方に使われる。

特にエヌビディアのGPUは「(AI用途への)最適化が進んでおり、大きな先行者優位がある」(台湾調査会社トレンドフォースの曾伯楷アナリスト)。

チャットGPTを開発した米新興オープンAIは、サービス開発に約1万個のGPUを用いているとされる。トレンドフォースは技術の高度化に伴い、今後は一つのサービスを開発・運用するのに3万個以上のGPUが必要になると予測する。

ゲームや動画編集に使われる一般的なGPUは市販価格が1個10万円以下のものもあるが、AI向け高性能GPUは100万円を優に超える。需要が伸びれば市場全体へのインパクトも大きい。

独調査会社スタティスタは、生成AIがけん引するAI向け半導体の市場規模が、2028年に21年比で12倍の1278億ドル(約18兆円)に急拡大すると予測する。半導体市場全体が22年時点で80兆円規模だったのと比べても存在感は大きい。

エヌビディアを支えるのは、半導体の量産技術で世界トップを走るTSMCだ。新たに投入する生成AI向け半導体を含め、AI向け高性能GPUを独占的に生産する。

両社の関係は1990年代半ばに遡る。創業間もないエヌビディアは、生産委託先の確保に苦しんでいた。台湾出身のファンCEOが頼ったのは当時、半導体受託生産で躍進しつつあったTSMC創業者の張忠謀（モリス・チャン）氏だった。

張氏が電話で直接交渉に応じ、両社の取引がスタートしたという。以後30年近くにわたり、TSMCはゲームからパソコン、AI向けに至る幅広い製品を供給してきた。

近年はAI向け半導体の性能向上の鍵を握る「パッケージング技術」の開発で関係を深めている。異なる機能を持つ複数の半導体を一つのパッケージに収め、効率よく連動させる技術だ。

エヌビディアは2010年代中盤にいち早く同技術をGPUに採用。量産技術を開発するTSMCと二人三脚で、性能向上を実現してきた。

生成AI向け半導体の開発競争は激化が見込まれる。米グーグルや米アマゾン・ドット・コムといったIT大手が、独自に半導体の設計に乗り出している。両社ともエヌビディアの大口顧客だが、自前の半導体開発によってサービスの差別化やコスト低減を狙う。

そのIT大手も半導体の生産は外部委託に頼らざるを得ない。エヌビディアとTSMCの緊密な関係は、今後の競争で有利に働く可能性がある。

20年〜22年前半にかけて好調が続いた世界の半導体市場は、足元で厳しい状況にある。コロナ特需の反動でパソコンやスマホ、ゲーム機などの販売が落ち込み、全体的な市況の回復は24年になるとの見方が強い。TSMCは23年12月期通期に前の期比で減収（米ドルベース）を見込む。

生成AIはスマホなどに代わる半導体市場のけん引役となることが期待される。TSMCの魏哲家CEOは4月中旬の記者会見で「AI向けの需要は強く、業績成長の原動力となる」と強調した。

ファン氏も30日の記者会見で「我々は間違いなく、生成AIの新時代の始まりにいる」と述べ、業界が大きな成長局面に入りつつあると指摘した。生成AIの進化を支える製品を供給できるかが、市場全体の成長を左右する。

（2023年5月30日　日本経済新聞）

5G網整備へ技術者争奪　携帯電話大手4社、14％増員

高速通信網を整備する技術者の争奪が激しい。携帯大手4社は2022年3月

末に技術者を前年同期比14%増やした。転職者の平均年収も新型コロナウイルス禍のときと比較して2割上昇した。足元ではIT（情報技術）・通信エンジニアの転職求人倍率は全体を大きく上回っている。

高速通信規格「5G」の利用区域を広げるため需要は高まる。通信基盤を支える人材の不足が続けば日本のデジタル化に響きかねない。

総務省の調査によると、携帯大手4社の無線従事者や保守などの技術者数は22年3月末時点で計3万5400人だった。

企業ごとに定義の異なる部分はあるものの、前年同期比の伸び率は楽天モバイルが最大の34%増の3500人。次いでソフトバンクが28%増の1万800人、NTTドコモが7%増の1万2100人、KDDIが5%増の8800人と続いた。

5Gの通信速度は4Gの最大100倍で遅延したときの影響は10分の1に低下するとされる。スマートシティーや自動運転、工場機器の遠隔制御などに生かせば、新たなビジネスにつながる。

30年ごろには次世代の6Gへの移行が始まる見込みだが、技術革新とともに複雑なネットワーク構築を求められる。

ソフトバンクの担当者は「災害対策に加えて、5G基地局の整備のために技術者を増やしている」と説明する。KDDIも基地局の保守・運用に関わる技術者の需要は引き続き大きいとみる。

新型コロナで社会のデジタル化の要請が高まり、通信業界の技術者不足は厳しさを増す。KDDIなどで大規模な通信障害が相次いだことも通信網の重要性を意識させた。

人材サービス大手のエン・ジャパンによると、エンジニアが転職した際の22年の平均年収は新型コロナで底となった20年比19%増の519万円だった。

同社で通信業界を担当する星野玲氏は「通信業界は人材獲得が難しい。売り手市場で適正水準を上回る年収を示す事例が多い」と話す。従来は700万円程度が上限だったが、いまは900万円ほどに上がっているという。

携帯大手が求めるネットワーク技術者の22年の求人数は20年より45%増えた。パーソルキャリアの転職サービスのdoda（デューダ）によると、足元の23年2月のIT・通信エンジニアの転職求人倍率は10.19倍で、全体の2.15倍を上回った。

問題はこうした需要をまかなうだけの人材がいないことだ。経済産業省は30年に国内で最大79万人のIT人材が不足すると予測する。

政府は電力・ガス、道路、鉄道などのインフラ点検で規制を緩和し、ドローンや人工知能（AI）の導入を促す。通信でも保守・運用を自動化すれば余剰人員

を競争分野に振り向けることができる。

稲田修一早大教授は「通信業界は他分野に比べて省人化が進んでいるとは言えない」として改善が不可欠だと指摘する。

総務省によると、5Gの全国人口カバー率は22年3月末時点で93％とまだ行き渡っていない。新型コロナで露呈したデジタル化の遅れを取り戻すためにも、5G網づくりを急ぐ必要がある。

（2023年4月19日　日本経済新聞）

IT業界特化のSNSアプリ　HonneWorks

企業の平均年収をまとめたウェブサイトを運営するHonneWorks（ホンネワークス、神奈川県茅ケ崎市）は、IT（情報技術）業界で働く会社員向けに特化したSNS（交流サイト）アプリの提供を始める。利用者は匿名で参加できるが、ホンネワークスが職場のメールアドレスから勤務先を確認する点が特徴。信頼度の高い情報の交換につなげ、転職希望者に役立ててもらう。事業拡大に備え、ベンチャーキャピタル（VC）のゼロイチキャピタルなどからJ-KISS型新株予約権方式で約3000万円を調達した。

（2023年3月7日　日本経済新聞）

ITエンジニア、転職年収2割増　製造業や金融で引き合い

IT（情報技術）エンジニアについて、製造業や金融など非IT系の事業会社に転職した際の年収の上昇が目立つ。2022年までの2年間で2割上がり、エンジニア全体の平均を上回った。デジタルトランスフォーメーション（DX）化などを背景に、社内のシステム構築などの業務が増えた。IT業界以外の企業は、社内にITに詳しい人材が少ない。即戦力となる経験者を中心に高い年収を提示し獲得を急いでいる。

東京都在住の30代男性は、22年12月にITシステムの開発企業から鋼材系メーカーの社内システムエンジニア（SE）に転職した。自社のITインフラの整備をしている。転職で年収は50万円ほど上がった。

以前はクライアント先のシステム開発を担当していた。自社のシステムは利用者からの反応なども確認しやすく、やりがいを感じるという。

人材サービス大手のエン・ジャパンによると、同社の運営する人材紹介サービス「エン エージェント」を通じて決まったITエンジニアの転職のうち、非IT企業の初年度年収（転職決定時、中央値）は22年が516万円。ITエンジニア全体（511万円）を上回る。

上昇率も同様だ。非IT企業は新型コロナウイルスの感染が広がった20年に比べ95万円（22.6％）高い。ITエンジニア全体（21.4％）に比べ、伸びの勢いが目立つ。

背景にあるのが新型コロナ禍を契機とした、IT人材の不足だ。パーソルキャリア（東京・千代田）の転職サービスのdoda（デューダ）のまとめでは、22年12月のIT・通信エンジニアの中途採用求人倍率は12.09倍。全体（2.54倍）を大きく上回った。経済産業省は30年に日本で最大79万人のIT人材が不足すると予測する。

新型コロナの感染拡大で非IT系業種も含め、ビジネス現場のデジタル化が加速した。リモートでの就業環境を整えるだけでなく、経営の中にデジタル化をどう位置づけ推進するのかといった課題が生まれた。

既存システムの安定稼働やメンテナンスといったコロナ禍前からの業務に加え、リモート化や各種セキュリティー強化に取り組む人材が必要になった。

経営管理の観点からは、中長期のIT戦略投資の立案や社内の人材育成も求められるようになった。5年以上のIT実務の経験者や、経営を視野に入れITプロジェクトを進められるミドル層の需要が高まった。特に非IT系業種はこうした人材資源がIT企業に比べ薄く、中途採用を活用せざるを得ない。

dodaによると、22年10～12月期のITエンジニアの新規求人のうち、年収が700万円以上の件数は35％だった。19年同期の19％から16ポイント増えた。大浦征也doda編集長は「事業会社は経験者を採用できなければ競合に後れを取るとの意識がある」としたうえで「採用基準を下げるのではなく、賃金を引き上げてでも人材を獲得しようという動きが強まった」とみる。

中途採用をいかしデジタル関連業務の内製化を進めることで、コストの削減も期待できる。クレディセゾンは19年にITエンジニアの中途採用を始め、20年以降も即戦力となる30～40代を中心に獲得を進める。同社は「内製した案件の開発コストは外部依頼の場合と比べ、21～22年度の累計で約6割削減できる見通し」と説明する。

（2023年2月8日　日本経済新聞）

現職者・退職者が語る 情報通信・IT業界の口コミ

※編集部に寄せられた情報を基に作成

▶ 労働環境

職種：代理店営業　　年齢・性別：20代後半・男性

- 以前は年功序列の風潮でしたが，今は実力主義になってきています。
- 会社への利益貢献ができ，上司の目に留まれば出世は早いでしょう。
- 自己PRが上手で，失敗・成功に関わらず原因分析できることが重要。
- 上司の目に留まらなければ，芽が出ないまま転職する人も。

職種：システムエンジニア　　年齢・性別：20代後半・男性

- 転勤が本当に多く，それは女性も例外ではありません。
- 入社時に「総合職は転勤があるが大丈夫か？」と確認されます。
- 3～7年で異動になりますが，その都度転勤の可能性があります。
- 家庭を持っている人や家を持っている人は単身赴任になることも。

職種：法人営業　　年齢・性別：30代前半・男性

- 残業は月に20時間程度で，ワークライフバランスがとりやすいです。
- 休日出勤はほとんどなく，1年に数回あるかどうかです。
- 有給休暇はしっかりと取れるので，休暇の計画は立てやすいです。
- 子どもの各種行事に積極的に参加している人も周りに多くいます。

職種：営業アシスタント　　年齢・性別：20代前半・女性

- 全体的にかなり風通しの良い職場です。
- 飲み会や遊びの計画が多く，社員同士の仲はとても良いです。
- 社員の年齢層は比較的若めで，イベント好きな人が多い印象です。
- 東京本社の場合，ワンフロアになっており全体が見渡せる作りです。

▶福利厚生

職種：代理店営業　　年齢・性別：20代後半・男性
- 独身のうちは社宅（寮）に入ることができます。
- 社宅は多少年数が経っていますが，きれいな物が多いです。
- 家賃もかなり安くて，住宅補助についてはかなり満足できます。
- 住宅補助以外にも，保養施設や通勤補助は非常に充実しています。

職種：法人営業　　年齢・性別：20代前半・男性
- 多くの企業のスポンサーのため，各種チケットをもらえたりします。
- 某有名遊園地の割引券も手に入ります。
- 住居手当，育児休暇など福利厚生全般はかなり充実しています。
- 通常の健康診断以外にも人間ドックを無料で受けることができます。

職種：マーケティング　　年齢・性別：20代後半・男性
- 各種福利厚生は充実しており，なかでも住宅補助は手厚いです。
- 社宅は借り上げで月1〜2万円で，家賃10万以上の物件に住めます。
- 社宅住まいの場合，年収に換算すると年100万弱の手当となります。
- 健康診断・人間ドック，フィットネスなども利用できます。

職種：ネットワーク設計・構築　　年齢・性別：30代後半・男性
- 福利厚生は充実しており，有給休暇は2年目から年20日もらえます。
- 夏季休暇は5日，年末年始は6日の休暇が付与されます。
- 労働組合が強いため，サービス残業はなく，残業代は全額出ます。
- 残業時間は，職場にもよりますが，月20〜30時間程度かと思います。

▶仕事のやりがい

職種：営業マネージャー　　年齢・性別：40代後半・男性

・大規模な通信インフラの構築や保守に力を入れています。
・通信業界の技術進歩は目覚ましいものがあり，夢があります。
・数年後にどんなサービスができるか予想できない面白さがあります。
・人々の日常生活に欠かせないものに携われるやりがいがあります。

職種：販促企画・営業企画　　年齢・性別：20代後半・男性

・企画部門では若手でもやりがいのある大きな仕事を任されます。
・関わる部門や担当が多岐にわたる場合，調整が大変なことも。
・事務系社員は2～3年毎にジョブローテーションがあります。
・常に自身のキャリアパスをしっかり考えておくことが重要です。

職種：法人営業　　年齢・性別：30代前半・男性

・やった分だけ成果としてあらわれるところが面白いです。
・チームプレイの難しさはありますが，勉強になることが多いです。
・自分個人で考える部分とチームで動くところのバランスが大切。
・お客様に革新的な製品を常に提案できるのは素晴らしいと思います。

職種：経営企画　　年齢・性別：20代前半・男性

・良くも悪くも完全に社長トップダウンの会社です。
・会社の成長度に関しては日本随一だと思います。
・日々学ぶことが多く，熱意をもって取り組めば得るものは大きいです。
・驚くぐらい優秀な人に出会えることがあり，非常に刺激になります。

▶ ブラック？ホワイト？

職種：ネットワークエンジニア　　年齢・性別：30代後半・男性

・会社全体のコミュニケーションが弱く，情報共有がされにくいです。
・会社のどこの部署が何を行っているかわかりません。
・分野が違う情報は同期などのツテを頼って芋づる式に探す有様です。
・製品不具合情報等の横展開もほとんどなく，非常に効率が悪いです。

職種：代理店営業　　年齢・性別：20代後半・男性

・殿様商売と世間では言われていますが，まさにその通り。
・過去の遺産を食いつぶしているような経営方針で不安になります。
・消費者の声はほぼ届かず，上からの声だけ受け入れている感じです。
・40代後半の上層部はかなりの保守派で，時代の流れに抗っています。

職種：プロジェクトリーダー　　年齢・性別：30代前半・男性

・裁量労働制なので，残業代はありません。
・みなし労働時間は，月35時間残業相当の専門職手当が支払われますが，その範囲で業務が収まるわけがなく，長時間の残業が発生します。
・残業前提のプロジェクト計画で黒字を目論む企業体質は健在です。

職種：システムエンジニア　　年齢・性別：20代後半・男性

・裁量労働制が導入されてからは残業が常態化しています。
・定時で帰ろうものなら「あれ？　何か用事？」と言われます。
・以前は45時間以上残業する際は申請が必要なほどでしたが，裁量労働制導入後は残業が75時間を越えても何も言われません。

▶ 女性の働きやすさ

職種：代理店営業　　年齢・性別：30代前半・男性

・女性の労働環境がかなり整っている会社だと思います。
・出産時に一旦休み，復帰してくるケースは多いです。
・復帰後も時間短縮勤務ができるため，退職する女性は少ないです。
・会社側は女性の活用について，今後も更に取り組んでいくようです。

職種：システムエンジニア　　年齢・性別：20代前半・男性

・住宅手当など，既婚者が働きやすい環境づくりに力を入れています。
・産休・育休など社内の既婚者はほとんど活用されているようですが，
　実力主義という点はどうしてもあるので覚悟は必要です。
・産休・育休で仕事ができなくなる人は，部署移動や給与にも影響。

職種：社内SE　　年齢・性別：20代後半・女性

・産休，育休を使う人も多く，女性にはとても良い環境だと思います。
・外部講師を招き，女性の環境向上のためのセミナーなどもあります。
・会社として女性の待遇にとても力を入れているのを感じます。
・年配の上司によっては，差別的な見方の方もまだ若干いますが。

職種：システムエンジニア　　年齢・性別：20代後半・女性

・課長，部長，統括部長，事業部長に，それぞれ女性が就いています。
・育児休暇制度が整っていて，復帰して働く女性が年々増えています。
・時短勤務になるため男性に比べて出世は遅くなるようです。
・子育てをしながら管理職に昇進できる環境は整っています。

▶今後の展望

職種：営業　　年齢・性別：30代前半・男性

- ・国内市場は飽和状態のため，海外へ行くしかないと思いますが，経営陣に難があるためグローバル進出は難しいかもしれません。
- ・アジアを中心に市場開拓していますが，先行きは不透明です。
- ・金融事業は好調のため，引き続き当社の主軸となるでしょう。

職種：サービス企画　　年齢・性別：20代後半・男性

- ・事業規模が非常に大きく，現在は非常に安定しています。
- ・国内に閉じた事業内容なので，今後の伸びしろは微妙かと。
- ・海外進出の計画もあるようですが，目立った動きはまだありません。
- ・業種的にグローバル展開の意義はあまりないのかもしれません。

職種：新規事業・事業開発　　年齢・性別：20代後半・男性

- ・携帯事業以外の新規事業を模索している段階です。
- ・OTTプレーヤーと言われる企業に勝るサービスの創出に難航中。
- ・今までの成功体験や仕事のやり方からの脱却がカギだと思います。
- ・グローバル化にも程遠く，海外志向の人にはオススメできません。

職種：営業　　年齢・性別：20代後半・男性

- ・安定した収益基盤があり，しばらくは安定して推移すると思います。
- ・通信をベースに，周辺の事業領域が拡大する余地もあると思います。
- ・今後は海外展開（特にアジア圏）を積極的に進めていくようです。
- ・日本市場が今後縮小していく中，海外展開は大きなカギになります。

情報通信・IT業界　国内企業リスト（一部抜粋）

会社名	本社住所
NEC ネッツエスアイ株式会社	文京区後楽 2-6-1 飯田橋ファーストタワー
株式会社システナ	東京都港区海岸 1 丁目 2 番 20 号 汐留ビルディング 14F
デジタルアーツ株式会社	東京都千代田区大手町 1-5-1 大手町ファーストスクエア ウエストタワー 14F
新日鉄住金ソリューションズ 株式会社	東京都中央区新川二丁目 20-15
株式会社コア	東京都世田谷区三軒茶屋一丁目 22 番 3 号
株式会社ソフトクリエイト ホールディングス	東京都渋谷区渋谷 2 丁目 15 番 1 号 渋谷クロスタワー
IT ホールディングス株式会社	東京都新宿区西新宿 8-17-1 住友不動産新宿グランド タワー 21F（総合受付 14F）
ネオス株式会社	東京都千代田区神田須田町 1-23-1 住友不動産神田ビル 2 号館 10F
株式会社電算システム	岐阜県岐阜市日置江 1 丁目 58 番地
グリー株式会社	東京都港区六本木 6-10-1 六本木ヒルズ森タワー
コーエーテクモ ホールディングス株式会社	神奈川県横浜市港北区箕輪町 1 丁目 18 番 12 号
株式会社三菱総合研究所	東京都千代田区永田町二丁目 10 番 3 号
株式会社ボルテージ	東京都渋谷区恵比寿 4-20-3　恵比寿ガーデンプレイス タワー 28 階
株式会社 電算	長野県長野市鶴賀七瀬中町 276-6
株式会社 ヒト・コミュニケーションズ	東京都豊島区東池袋 1-9-6
株式会社ブレインパッド	東京都港区白金台 3-2-10 白金台ビル
KLab 株式会社	東京都港区六本木 6-10-1 六本木ヒルズ森タワー
ポールトゥウィン・ピットクルー ホールディングス株式会社	東京都新宿区西新宿 2-4-1　新宿 NS ビル 11F
株式会社イーブック イニシアティブジャパン	東京都千代田区神田駿河台 2-9 KDX 御茶ノ水ビル 7F
株式会社　ネクソン	東京都中央区新川二丁目 3 番 1 号
株式会社アイスタイル	東京都港区赤坂 1-12-32 号 アーク森ビル 34 階
株式会社 エムアップ	東京都渋谷区渋谷 2-12-19 東建インターナショナルビル本館 5 階

会社名	本社住所
株式会社エイチーム	名古屋市西区牛島町 6 番 1 号 名古屋ルーセントタワー 36F
株式会社ブロードリーフ	東京都品川区東品川 4-13-14 グラスキューブ品川 8F
株式会社ハーツユナイテッドグループ	東京都港区六本木六丁目 10 番 1 号 六本木ヒルズ森タワー 34 階
株式会社ドワンゴ	東京都中央区銀座 4-12-15　歌舞伎座タワー
株式会社ベリサーブ	東京都新宿区西新宿 6-24-1 西新宿三井ビル 14 階
株式会社マクロミル	東京都港区港南 2-16-1 品川イーストワンタワー 11F
株式会社ティーガイア	東京都渋谷区恵比寿 4-1-18
株式会社豆蔵ホールディングス	東京都新宿区西新宿 2-1-1 新宿三井ビルディング 34 階
テクマトリックス株式会社	東京都港区高輪 4 丁目 10 番 8 号 京急第 7 ビル
GMO ペイメントゲートウェイ株式会社	東京都渋谷区道玄坂 1-14-6 渋谷ヒューマックスビル（受付 7 階）
株式会社ザッパラス	東京都渋谷区渋谷 2 丁目 12 番 19 号 東建インターナショナルビル
株式会社インターネットイニシアティブ	東京都千代田区神田神保町 1-105 神保町三井ビルディング
株式会社ビットアイル	東京都品川区東品川 2-5-5 HarborOne ビル 5F
株式会社 SRA ホールディングス	東京都豊島区南池袋 2-32-8
株式会社朝日ネット	東京都中央区銀座 4-12-15 歌舞伎座タワー 21 階
パナソニック インフォメーションシステムズ株式会社	大阪府大阪市北区茶屋町 19 番 19 号
株式会社フェイス	京都市中京区烏丸通御池下る虎屋町 566-1 井門明治安田生命ビル
株式会社野村総合研究所	東京都千代田区丸の内 1-6-5　丸の内北口ビル
サイバネットシステム株式会社	東京都千代田区神田練塀町 3 番地 富士ソフトビル
株式会社インテージホールディングス	東京都千代田区神田練塀町 3 番地 インテージ秋葉原ビル
ソースネクスト株式会社	東京都港区虎ノ門 3-8-21　虎ノ門 33 森ビル 6 階
株式会社クレスコ	東京都港区港南 2-15-1 品川インターシティ A 棟 25 階〜 27 階
株式会社フジ・メディア・ホールディングス	東京都港区台場二丁目 4 番 8 号
株式会社 オービック	東京都中央区京橋 2 丁目 4 番 15 号

会社名	本社住所
TDC ソフトウェア エンジニアリング株式会社	東京都渋谷区代々木 3-22-7 新宿文化クイントビル
ヤフー株式会社	東京都港区赤坂 9-7-1 ミッドタウン・タワー
トレンドマイクロ株式会社	東京都渋谷区代々木 2-1-1　新宿マインズタワー
日本オラクル株式会社	東京都港区北青山 2-5-8
株式会社アルファシステムズ	川崎市中原区上小田中 6 丁目 6 番 1 号
フューチャーアーキテクト 株式会社	東京都品川区大崎 1-2-2 アートヴィレッジ大崎セントラルタワー
株式会社シーエーシー	東京都中央区日本橋箱崎町 24 番 1 号
ソフトバンク・テクノロジー 株式会社	東京都新宿区西五軒町 13-1　飯田橋ビル 3 号館
株式会社トーセ	京都市下京区東洞院通四条下ル
株式会社オービックビジネス コンサルタント	東京都新宿区西新宿六丁目 8 番 1 号 住友不動産新宿オークタワー 32F
伊藤忠テクノソリューションズ 株式会社	東京都千代田区霞が関 3-2-5　霞が関ビル
株式会社アイティフォー	東京都千代田区一番町 21 番地 一番町東急ビル
株式会社 東計電算	神奈川県川崎市中原区市ノ坪 150
株式会社　エックスネット	東京都新宿区荒木町 13 番地 4　住友不動産四谷ビル 4 階
株式会社大塚商会	東京都千代田区飯田橋 2-18-4
サイボウズ株式会社	東京都文京区後楽 1-4-14 後楽森ビル 12F
ソフトブレーン株式会社	東京都中央区八重洲 2-3-1 住友信託銀行八重洲ビル 9 階
株式会社アグレックス	東京都新宿区西新宿 2 丁目 6 番 1 号 新宿住友ビル
株式会社電通国際情報サービス	東京都港区港南 2-17-1
株式会社 EM システムズ	大阪市淀川区宮原 1 丁目 6 番 1 号 新大阪ブリックビル
株式会社ウェザーニューズ	千葉県千葉市美浜区中瀬 1-3 幕張テクノガーデン
株式会社 CIJ	神奈川県横浜市西区平沼 1-2-24　横浜 NT ビル
ネットワンシステムズ株式会社	東京都千代田区丸の内二丁目 7 番 2 号　JP タワー
株式会社アルゴグラフィックス	東京都中央区日本橋箱崎町 5-14 アルゴ日本橋ビル
ソフトバンク株式会社	東京都港区東新橋 1-9-1

第3章

就職活動のはじめかた

入りたい会社は決まった。しかし「就職活動とはそもそも何をしていいのかわからない」「どんな流れで進むかわからない」という声は意外と多い。ここでは就職活動の一般的な流れや内容，対策について解説していく。

▶就職活動のスケジュール

3月	4月	6月

就職活動スタート

> 2025年卒の就活スケジュールは,経団連と政府を中心に議論され,2024年卒の採用選考スケジュールから概ね変更なしとされている。

エントリー受付・提出

OB・OG訪問

> 企業の説明会には積極的に参加しよう。独自の企業研究だけでは見えてこなかった新たな情報を得る機会であるとともに,モチベーションアップにもつながる。また,説明会に参加した者だけに配布する資料などもある。

合同企業説明会　**個別企業説明会**

筆記試験・面接試験等始まる（3月〜）

内々定（大手企業）

2月末までにやっておきたいこと

就職活動が本格化する前に,以下のことに取り組んでおこう。
　　◎自己分析　◎インターンシップ　◎筆記試験対策
　　◎業界研究・企業研究　◎学内就職ガイダンス
自分が本当にやりたいことはなにか,自分の能力を最大限に活かせる
会社はどこか。自己分析と企業研究を重ね,それを文章などにして明
確にしておき,面接時に最大限に活用できるようにしておこう。

7月 　　　　　　　8月 　　　　　　　10月

中小企業採用本格化

内定者の数が採用予定数に満たない企業，1年を通して採用を継続している企業，夏休み以降に採用活動を実施企業（後期採用）は採用活動を継続して行っている。大企業でも後期採用を行っていることもあるので，企業から内定が出ても，納得がいかなければ継続して就職活動を行うこともある。

中小企業の採用が本格化するのは大手企業より少し遅いこの時期から。HPなどで採用情報をつかむとともに，企業研究も怠らないようにしよう。

内々定とは10月1日以前に通知（電話等）されるもの。内定に関しては現在協定があり，10月1日以降に文書等にて通知される。

内々定（中小企業） 　　　　内定式（10月〜）

どんな人物が求められる？

多くの企業は，常識やコミュニケーション能力があり，社会のできごとに高い関心を持っている人物を求めている。これは「会社の一員として将来の企業発展に寄与してくれるか」という視点に基づく，もっとも普遍的な選考基準だ。もちろん，「自社の志望を真剣に考えているか」「自社の製品，サービスにどれだけの関心を向けているか」という熱意の部分も重要な要素になる。

理論編

就活ロールプレイ！

理論編
STEP 1　　就職活動のスタート

内定までの道のりは，大きく分けると以下のようになる。

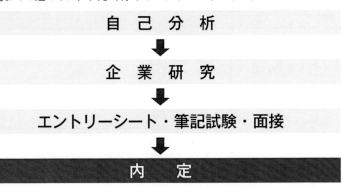

自 己 分 析

⬇

企 業 研 究

⬇

エントリーシート・筆記試験・面接

⬇

内 定

01 まず自己分析からスタート

　就職活動とは，「企業に自分をPRすること」。自分自身の興味，価値観に加えて，強み・能力という要素が加わって，初めて企業側に「自分が働いたら，こういうポイントで貢献できる」と自分自身を売り込むことができるようになる。

■**自分の来た道を振り返る**

　自己分析をするための第一歩は，「振り返ってみる」こと。

　小学校，中学校など自分のいた"場"ごとに何をしたか（部活動など），何を学んだか，交友関係はどうだったか，興味のあったこと，覚えている印象的なことを書き出してみよう。

■**テストを受けてみる**

　"自分では気がついていない能力"を客観的に検査してもらうことで，自分に向いている職種が見えてくる。下記の5種類が代表的なものだ。

①職業適性検査　　②知能検査　　③性格検査
④職業興味検査　　⑤創造性検査

■**先輩や専門家に相談してみる**

　就職活動をするうえでは，"いかに他人に自分のことをわかってもらうか"が重要なポイント。他者の視点で自分を分析してもらうことで，より客観的な視点で自己PRができるようになる。

自己分析の流れ

❑過去の経験を書いてみる

❑現在の自己イメージを明確にする…行動，考え方，好きなものなど。

❑他人から見た自分を明確にする

❑将来の自分を明確にしてみる…どのような生活をおくっていたいか。期待，夢，願望。なりたい自分はどういうものか，掘り下げて考える。→自己分析結果を，志望動機につなげていく。

企業の情報を収集する

01 企業の絞り込み

　志望企業の絞り込みについての考え方は大きく分けて2つある。

　第1は，同一業種の中で1次候補，2次候補……と絞り込んでいく方法。

　第2は，業種を1次，2次，3次候補と変えながら，それぞれに2社程度ずつ絞り込んでいく方法。

　第1の方法では，志望する同一業種の中で，一流企業，中堅企業，中小企業，縁故などがある歯止めの会社……というふうに絞り込んでいく。

　第2の方法では，自分が最も望んでいる業種，将来好きになれそうな業種，発展性のある業種，安定性のある業種，現在好況な業種……というふうに区別して，それぞれに適当な会社を絞り込んでいく。

02 情報の収集場所

・キャリアセンター

・新聞

・インターネット

・企業情報

『就職四季報』（東洋経済新報社刊），『日経会社情報』（日本経済新聞社刊）などの企業情報。この種の資料は本来"株式市場"についての資料だが，その時期の景気動向を含めた情報を仕入れることができる。

・経済雑誌

『ダイヤモンド』（ダイヤモンド社刊）や『東洋経済』（東洋経済新報社刊），『エコノミスト』（毎日新聞出版刊）など。

・OB・OG／社会人

①成長力

まず"売上高"。次に資本力の問題や利益率などの比率。いくら資本金があっても，それを上回る膨大な借金を抱えていて，いくら稼いでも利払いに追われまくるようでは，成長できないし，安定できない。

成長力を見るには自己資本率を割り出してみる。自己資本を総資本で割って100を掛けると自己資本率がパーセントで出てくる。自己資本の比率が高いほうが成長力もあり安定度も高い。

利益率は純利益を売上高で割って100を掛ける。利益率が高ければ，企業はどんどん成長するし，社員の待遇も上昇する。利益率が低いということは，仕事がどんなに忙しくても利益にはつながらないということになる。

②技術力

技術力は，短期的な見方と長期的な展望が必要になってくる。研究部門が適切な規模か，大学など企業外の研究部門との連絡があるか，先端技術の分野で開発を続けているかどうかなど。

③経営者と経営形態

会社が将来，どのような発展をするか，または衰退するかは経営者の経営哲学，経営方針によるところが大きい。社長の経歴を知ることも必要。創始者の息子，孫といった親族が社長をしているのか，サラリーマン社長か，官庁などからの天下りかということも大切なチェックポイント。

④社風

社風というのは先輩社員から後輩社員に伝えられ，教えられるもの。社風もいろいろな面から必ずチェックしよう。

⑤安定性

企業が成長しているか，安定しているかということは車の両輪。どちらか片方の回転が遅くなっても企業はバランスを失う。安定し，しかも成長する。これが企業として最も理想とするところ。

⑥待遇

初任給だけを考えてみても，それが手取りなのか，基本給なのか。基本給というのはボーナスから退職金，定期昇給の金額にまで響いてくる。また，待遇というのは給与ばかりではなく，福利厚生施設でも大きな差が出てくる。

■そのほかの会社比較の基準

1. ゆとり度

　休暇制度は，企業によって独自のものを設定しているところもある。「長期休暇制度」といったものなどの制定状況と，また実際に取得できているかどうかも調べたい。

2. 独身寮や住宅設備

　最近では，社宅は廃止し，住宅手当を多く出すという流れもある。寮や社宅についての福利厚生は調べておく。

3. オフィス環境

　会社に根づいた慣習や社員に対する考え方が，意外にオフィスの設備やレイアウトに表れている場合がある。

　たとえば，個人の専有スペースの広さや区切り方，パソコンなどOA機器の設置状況，上司と部下の机の配置など，会社によってずいぶん違うもの。玄関ロビーや受付の様子を観察するだけでも，会社ごとのカラーや特徴がどこかに見えてくる。

4. 勤務地

　転勤はイヤ，どうしても特定の地域で生活していきたい。そんな声に応えて，最近は流通業などを中心に，勤務地限定の雇用制度を取り入れる企業も増えている。

---

column　初任給では分からない本当の給与

　会社の給与水準には「初任給」「平均給与」「平均ボーナス」「モデル給与」など，判断材料となるいくつかのデータがある。これらのデータからその会社の給料の優劣を判断するのは非常に難しい。

　たとえば中小企業の中には，初任給が飛び抜けて高い会社がときどきある。しかしその後の昇給率は大きくないのがほとんど。

　一方，大手企業の初任給は業種間や企業間の差が小さく，ほとんど横並びと言っていい。そこで，「平均給与」や「平均ボーナス」などで将来の予測をするわけだが，これは一応の目安とはなるが，個人差があるので正確とは言えない。

■決定版「就職ノート」はこう作る

1冊にすべて書き込みたいという人には,ルーズリーフ形式のノートがお勧め。会社研究,スケジュール,時事用語,OB/OG訪問,切り抜きなどの項目を作りインデックスをつける。

カレンダー,説明会,試験などのスケジュール表を貼り,とくに会社別の説明会,面談,書類提出,試験の日程がひと目で分かる表なども作っておく。そして見開き2ページで1社を載せ,左ページに企業研究,右ページには志望理由,自己PRなどを整理する。

就職ノートの主なチェック項目

❑企業研究…資本金,業務内容,従業員数など基礎的な会社概要から,過去の採用状況,業務報告などのデータ

❑採用試験メモ…日程,条件,提出書類,採用方法,試験の傾向など

❑店舗・営業所見学メモ…流通関係,銀行などの場合は,客として訪問し,商品(値段,使用価値,ユーザーへの配慮),店員(接客態度,商品知識,熱意,親切度),店舗(ショーケース,陳列の工夫,店内の清潔さ)などの面をチェック

❑OB/OG訪問メモ…OB/OGの名前,連絡先,訪問日時,面談場所,質疑応答のポイント,印象など

❑会社訪問メモ…連絡先,人事担当者名,会社までの交通機関,最寄り駅からの地図,訪問のときに得た情報や印象,訪問にいたるまでの経過も記入

　「OB／OG訪問」は，実際は採用予備選考開始。まず，OB／OG訪問を希望したら，大学のキャリアセンター，教授などの紹介で，志望企業に勤める先輩の手がかりをつかむ。もちろん直接電話なり手紙で，自分の意向を会社側に伝えてもいい。自分の在籍大学，学部をはっきり言って，「先輩を紹介していただけないでしょうか」と依頼しよう。

OB／OG訪問時の質問リスト例

● **採用について**
- ・成績と面接の比重
- ・採用までのプロセス（日程）
- ・面接は何回あるか
- ・面接で質問される事項　etc.

- ・評価のポイント
- ・筆記試験の傾向と対策
- ・コネの効力はどうか

● **仕事について**
- ・内容（入社10年, 20年のOB/OG）
- ・希望職種につけるのか
- ・残業，休日出勤，出張など

- ・新入社員の仕事
- ・やりがいはどうか
- ・同業他社と比較してどうか　etc.

● **社風について**
- ・社内のムード
- ・仕事のさせ方　etc.

- ・上司や同僚との関係

● **待遇について**
- ・給与について
- ・昇進のスピード

- ・福利厚生の状態
- ・離職率について　etc.

06 インターンシップ

インターンシップとは，学生向けに企業が用意している「就業体験」プログラム。ここで学生はさまざまな企業の実態をより深く知ることができ，その後の就職活動において自己分析，業界研究，職種選びなどに活かすことができる。また企業側にとっても有能な学生を発掘できるというメリットがあるため，導入する企業は増えている。

インターンシップ参加が採用につながっているケースもあるため，たくさん参加してみよう。

---

column コネを利用するのも１つの手段？

コネを活用できるのは，以下のような場合である。

・企業と大学に何らかの「連絡」がある場合

企業の新卒採用の場合，特定校・指定校が決められていることもある。企業側が過去の実績などに基づいて決めており，大学の力が大きくものをいう。

とくに理工系では，指導教授や研究室と企業との連絡が密接な場合が多く，教授の推薦が有利であることは言うまでもない。同じ大学出身の先輩とのコネも，この部類に区分できる。

・志望企業と「関係」ある人と関係がある場合

一般的に言えば，志望企業の取り引き先関係からの紹介というのが一番多い。ただし，年間億単位の実績が必要で，しかも部長・役員以上につながっていなければコネがあるとは言えない。

・志望企業と何らかの「親しい関係」がある場合

志望企業に勤務したりアルバイトをしていたことがあるという場合。インターンシップもここに分類される。職場にも馴染みがあり人間関係もできているので，就職に際してきわめて有利。

・志望会社に関係する人と「縁故」がある場合

縁故を「血縁関係」とした場合，日本企業ではこのコネはかなり有効なところもある。ただし，血縁者が同じ会社にいるというのは不都合なことも多いので，どの企業も慎重。

1. 受付の様子

受付事務がテキパキとしていて，分かりやすいかどうか。社員の態度が親切で誠意が伝わってくるかどうか。

こういった受付の様子からでも，その会社の社員教育の程度や，新入社員採用に対する熱意とか期待を推し測ることができる。

2. 控え室の様子

控え室が2カ所以上あって，国立大学と私立大学の訪問者とが，別々に案内されているようなことはないか。また，面談の順番を意図的に変えているようなことはないか。これはよくある例で，すでに大半は内定しているということを意味する場合が多い。

3. 社内の雰囲気

社員の話し方，その内容を耳にはさむだけでも，社風が伝わってくる。

4. 面談の様子

何時間も待たせたあげくに，きわめて事務的に，しかも投げやりな質問しかしないような採用担当者である場合，この会社は人事が適正に行われていないということだから，一考したほうがよい。

 説明会での質問項目

・質問内容が抽象的でなく，具体性のあるものかどうか。
・質問内容は，現在の社会・経済・政治などの情況を踏まえた，
　大学生らしい高度で専門性のあるものか。
・質問をするのはいいが，「それでは，あなたの意見はどうか」と
　逆に聞かれたとき，自分なりの見解が述べられるものであるか。

提出する書類は6種類。①〜③が大学に申請する書類，④〜⑥が自分で書く書類だ。大学に申請する書類は一度に何枚も入手しておこう。

①「卒業見込証明書」

②「成績証明書」

③「健康診断書」

④「履歴書」

⑤「エントリーシート」

⑥「会社説明会アンケート」

■自分で書く書類は「自己PR」

第1次面接に進めるか否かは「自分で書く書類」の出来にかかっている。「履歴書」と「エントリーシート」は会社説明会に行く前に準備しておくもの。「会社説明会アンケート」は説明会の際に書き，その場で提出する書類だ。

01　履歴書とエントリーシートの違い

Webエントリーを受け付けている企業に資料請求をすると，資料と一緒に「エントリーシート」が送られてくるので，応募サイトのフォームやメールでエントリーシートを送付する。Webエントリーを行っていない企業には，ハガキやメールで資料請求をする必要があるが，「エントリーシート」は履歴書とは異なり，企業が設定した設問に対して回答するもの。すなわちこれが「1次試験」であり，これにパスをした人だけが会社説明会に呼ばれる。

■字はていねいに

字を書くところから，その企業に対する"本気度"は測られている。

■誤字，脱字は厳禁

使用するのは，黒のインク。

■修正液使用は不可

■数字は算用数字

■自分の広告を作るつもりで書く

自分はこういう人間であり，何がしたいかということを簡潔に書く。メリットになることだけで良い。自分に損になるようなことを書く必要はない。

■「やる気」を示す具体的なエピソードを

「私はやる気があります」「私は根気があります」という抽象的な表現だけではNG。それを示すエピソードのようなものを書かなくては意味がない。

---Point---

> 自己紹介欄の項目はすべて「自己PR」。自分はこういう人間であることを印象づけ，それがさらに企業への「志望動機」につながっていくような書き方をする。

---

column 履歴書やエントリーシートは，共通でもいい？

「履歴書」や「エントリーシート」は企業によって書き分ける。業種はもちろん，同じ業界の企業であっても求めている人材が違うからだ。各書類は提出前にコピーを取り，さらに出した企業名を忘れずに書いておくことも大切だ。

写真	スナップ写真は不可。 スーツ着用で,胸から上の物を使用する。ポイントは「清潔感」。 氏名・大学名を裏書きしておく。
日付	郵送の場合は投函する日,持参する場合は持参日の日付を記入する。
生年月日	西暦は避ける。元号を省略せずに記入する。
氏名	戸籍上の漢字を使う。印鑑押印欄があれば忘れずに押す。
住所	フリガナ欄がカタカナであればカタカナで,平仮名であれば平仮名で記載する。
学歴	最初の行の中央部に「学□□歴」と2文字程度間隔を空けて,中学校卒業から大学(卒業・卒業見込み)まで記入する。 中途退学の場合は,理由を簡潔に記載する。留年は記入する必要はない。 職歴がなければ,最終学歴の一段下の行の右隅に,「以上」と記載する。
職歴	最終学歴の一段下の行の中央部に「職□□歴」と2文字程度間隔を空け記入する。 「株式会社」や「有限会社」など,所属部門を省略しないで記入する。 「同上」や「〃」で省略しない。 最終職歴の一段下の行の右隅に,「以上」と記載する。
資格・免許	4級以下は記載しない。学習中のものも記載して良い。 「普通自動車第一種運転免許」など,省略せずに記載する。
趣味・特技	具体的に(例:読書でもジャンルや好きな作家を)記入する。
志望理由	その企業の強みや良い所を見つけ出したうえで,「自分の得意な事」がどう活かせるかなどを考えぬいたものを記入する。
自己PR	応募企業の事業内容や職種にリンクするような,自分の経験やスキルなどを記入する。
本人希望欄	面接の連絡方法,希望職種・勤務地などを記入する。「特になし」や空白はNG。
家族構成	最初に世帯主を書き,次に配偶者,それから家族を祖父母,兄弟姉妹の順に。続柄は,本人から見た間柄。兄嫁は,義姉と書く。
健康状態	「良好」が一般的。

エントリーシートの記入

01 エントリーシートの目的

・応募者を，決められた採用予定者数に絞り込むこと

・面接時の資料にする

の2つ。

■知りたいのは職務遂行能力

　採用担当者が学生を見る場合は，「こいつは与えられた仕事をこなせるかどうか」という目で見ている。企業に必要とされているのは仕事をする能力なのだ。

> **Point**
>
> 質問に忠実に，"自分がいかにその会社の求める人材に当てはまるか"を
> 丁寧に答えること。

02 効果的なエントリーシートの書き方

■情報を伝える書き方

　課題をよく理解していることを相手に伝えるような気持ちで書く。

■文章力

　大切なのは全体のバランスが取れているか。書く前に，何をどれくらいの字数で収めるか計算しておく。

　「起承転結」でいえば，「起」は，文章を起こす導入部分。「承」は，起を受けて，その提起した問題に対して承認を求める部分。「転」は，自説を展開する部分。もっともオリジナリティが要求される。「結」は，最後の締めの結論部分。文章の構成・まとめる力で，総合的な能力が高いことをアピールする。

エントリーシートでよく取り上げられる題材と，その出題意図

エントリーシートで求められるものは，「自己PR」「志望動機」「将来どうなりたいか（目指すこと）」の3つに大別される。

1.「自己PR」

自己分析にしたがって作成していく。重要なのは，「なぜそうしようと思ったか？」「○○をした結果，何が変わったのか？何を得たのか？」という"連続性"が分かるかどうかがポイント。

2.「志望動機」

自己PRと一貫性を保ち，業界志望理由と企業志望理由を差別化して表現するように心がける。志望する業界の強みと弱み，志望企業の強みと弱みの把握は基本。

3.「将来の展望」

どんな社員を目指すのか，仕事へはどう臨もうと思っているか，目標は何か，などが問われる。仕事内容を事前に把握しておくだけでなく，5年後の自分，10年後の自分など，具体的な将来像を描いておくことが大切。

表現力，理解力のチェックポイント

❏ 文法，語法が正しいかどうか
❏ 論旨が論理的で一貫しているかどうか
❏ 1センテンスが簡潔かどうか
❏ 表現が統一されているかどうか（「です，ます」調か「だ，である」調か）

01　個人面接

●自由面接法

面接官と受験者のキャラクターやその場の雰囲気，質問と応答の進行具合などによって雑談形式で自由に進められる。

●標準面接法

自由面接法とは逆に，質問内容や評価の基準などがあらかじめ決まっている。実際には自由面接法と併用で，おおまかな質問事項や判定基準，評価ポイントを決めておき，質疑応答の内容上の制限を緩和しておくスタイルが一般的。1次面接などでは標準面接法をとり，2次以降で自由面接法をとる企業も多い。

●非指示面接法

受験者に自由に発言してもらい，面接官は話題を引き出したりするときなど，最小限の質問をするという方法。

●圧迫面接法

わざと受験者の精神状態を緊張させ，受験者がどのような応答をするかを観察し，判定する。受験者は，冷静に対応することが肝心。

02　集団面接

面接の方法は個人面接と大差ないが，面接官がひとつの質問をして，受験者が順にそれに答えるという方法と，面接官が司会役になって，座談会のような形式で進める方法とがある。

座談会のようなスタイルでの面接は，なるべく受験者全員が関心をもっているような話題を取りあげ，意見を述べさせるという方法。この際，司会役以外の面接官は一言も発言せず，判定・評価に専念する。

　グループディスカッション（以下，GD）の時間は30〜60分程度，1グループの人数は5〜10人程度で，司会は面接官が行う場合や，時間を決めて学生が交替で行うことが多い。面接官は内容については特に指示することはなく，受験者がどのようにGDを進めるかを観察する。

　評価のポイントは，全体的には理解力，表現力，指導性，積極性，協調性など，個別的には性格，知識，適性などが観察される。

　GDの特色は，集団の中での個人ということで，受験者の能力がどの程度のものであるか，また，どのようなことに向いているかを判定できること。受験者は，グループの中における自分の位置を面接官に印象づけることが大切だ。

グループディスカッション方式の面接におけるチェックポイント

- ❑全体の中で適切な論点を提供できているかどうか。
- ❑問題解決に役立つ知識を持っているか，また提供できているかどうか。
- ❑もつれた議論を解きほぐし，的はずれの議論を元に引き戻す努力をしているかどうか。
- ❑グループ全体としての目標をいつも考えているかどうか。
- ❑感情的な対立や攻撃をしかけているようなことはないか。
- ❑他人の意見に耳を傾け，よい意見には賛意を表し，それを全体に推し広げようという寛大さがあるかどうか。
- ❑議論の流れを自然にリードするような主導性を持っているかどうか。
- ❑提出した意見が議論の進行に大きな影響を与えているかどうか。

04 面接時の注意点

●控え室

　控え室には，指定された時間の15分前には入室しよう。そこで担当の係から，面接に際しての注意点や手順の説明が行われるので，疑問点は積極的に聞くようにし，心おきなく面接にのぞめるようにしておこう。会社によっては，所定のカードに必要事項を書き込ませたり，お互いに自己紹介をさせたりする場合もある。また，この控え室での行動も細かくチェックして，合否の資料にしている会社もある。

●入室・面接開始

係員がドアの開閉をしてくれる場合もあるが，それ以外は軽くノックして入室し，必ずドアを閉める。そして入口近くで軽く一礼し，面接官か補助員の「どうぞ」という指示で正面の席に進み，ここで再び一礼をする。そして，学校名と氏名を名のって静かに着席する。着席時は，軽く椅子にかけるようにする。

●面接終了と退室

面接の終了が告げられたら，椅子から立ち上がって一礼し，椅子をもとに戻して，面接官または係員の指示を受けて退室する。

その際も，ドアの前で面接官のほうを向いて頭を下げ，静かにドアを開閉する。控え室に戻ったら，係員の指示を受けて退社する。

05 面接試験の評定基準

●協調性

企業という「集団」では，他人との協調性が特に重視される。

感情や態度が円満で調和がとれていること，極端に好悪の情が激しくなく，物事の見方や考え方が穏健で中立であることなど，職場での人間関係を円滑に進めていくことのできる人物かどうかが評価される。

●話し方

外観印象的には，言語の明瞭さや応答の態度そのものがチェックされる。小さな声で自信のない発言，乱暴野卑な発言は減点になる。

考えをまとめたら，言葉を選んで話すくらいの余裕をもって，真剣に応答しようとする姿勢が重視される。軽率な応答をしたり，まして発言に矛盾を指摘されるような事態は極力避け，もしそのような状況になりそうなときは，自分の非を認めてはっきりと謝るような態度を示すべき。

●好感度

実社会においては，外観による第一印象が，人間関係や取引に大きく影響を及ぼす。

「フレッシュな爽やかさ」に加え，入社志望など，自分の意思や希望をより明確にすることで，強い信念に裏づけられた姿勢をアピールできるよう努力したい。

●判断力

何を質問されているのか，何を答えようとしているのか，常に冷静に判断していく必要がある。

●表現力

話に筋道が通り理路整然としているか，言いたいことが簡潔に言えるか，話し方に抑揚があり聞く者に感銘を与えるか，用語が適切でボキャブラリーが豊富かどうか。

●積極性

活動意欲があり，研究心旺盛であること，進んで物事に取り組み，創造的に解決しようとする意欲が感じられること，話し方にファイトや情熱が感じられること，など。

●計画性

見通しをもって順序よく合理的に仕事をする性格かどうか，またその能力の有無。企業の将来性のなかに，自分の将来をどうかみ合わせていこうとしているか，現在の自分を出発点として，何を考え，どんな仕事をしたいのか。

●安定性

情緒の安定は，社会生活に欠くことのできない要素。自分自身をよく知っているか，他の人に流されない信念をもっているか。

●誠実性

自分に対して忠実であろうとしているか，物事に対してどれだけ誠実な考え方をしているか。

●社会性

企業は集団活動なので，自分の考えに固執したり，不平不満が多い性格は向かない。柔軟で適応性があるかどうか。

Point
清潔感や明朗さ，若々しさといった外観面も重視される。

06 面接試験の質問内容

1. 志望動機

受験先の概要や事業内容はしっかりと頭の中に入れておく。また，その企業の企業活動の社会的意義と，自分自身の志望動機との関連を明確にしておく。「安定している」「知名度がある」「将来性がある」といった利己的な動機，「自

分の性格に合っている」というような，あいまいな動機では説得力がない。安定性や将来性は，具体的にどのような企業努力によって支えられているのかという考察も必要だし，それに対する受験者自身の評価や共感なども問われる。

①どうしてその業種なのか
②どうしてその企業なのか
③どうしてその職種なのか

以上の①〜③と，自分の性格や資質，専門などとの関連性を説明できるようにしておく。

自分がどうしてその会社を選んだのか，どこに大きな魅力を感じたのかを，できるだけ具体的に，情熱をもって語ることが重要。自分の長所と仕事の適性を結びつけてアピールし，仕事のやりがいや仕事に対する興味を述べるのもよい。

■複数の企業を受験していることは言ってもいい？

同じ職種，同じ業種で何社かかけもちしている場合，正直に答えてもかまわない。しかし，「第一志望はどこですか」というような質問に対して，正直に答えるべきかどうかというと，やはりこれは疑問がある。どんな会社でも，他社を第一志望にあげられれば，やはり愉快には思わない。

また，職種や業種の異なる会社をいくつか受験する場合も同様で，極端に性格の違う会社をあげれば，その矛盾を突かれるのは必至だ。

2. 仕事に対する意識・職業観

採用試験の段階では，次年度の配属予定が具体的に固まっていない会社もかなりある。具体的に職種や部署などを細分化して募集している場合は別だが，そうでない場合は，希望職種をあまり狭く限定しないほうが賢明。どの業界においても，採用後，新入社員には，研修としてその会社の各セクションをひと通り経験させる企業は珍しくない。そのうえで，具体的な配属計画を検討するのだ。

大切なことは，就職や職業というものを，自分自身の生き方の中にどう位置づけるか，また，自分の生活の中で仕事とはどういう役割を果たすのかを考えてみること。つまり自分の能力を活かしたい，社会に貢献したい，自分の存在価値を社会的に実現してみたい，ある分野で何か自分の力を試してみたい……，などの場合を考え，それを自分自身の人生観，志望職種や業種などとの関係を考えて組み立ててみる。自分の人生観をもとに，それを自分の言葉で表現できるようにすることが大切。

3. 自己紹介・自己PR

性格そのものを簡単に変えたり，欠点を克服したりすることは実際には難しいが，“仕方がない”という姿勢を見せることは禁物で，どんなささいなことでも，努力している面をアピールする。また一般的にいって，専門職を除けば，就職時になんらかの資格や技能を要求する企業は少ない。

　ただ，資格をもっていれば採用に有利とは限らないが，専門性を要する業種では考慮の対象とされるものもある。たとえば英検，簿記など。

　企業が学生に要求しているのは，4年間の勉学を重ねた学生が，どのように仕事に有用であるかということで，学生の知識や学問そのものを聞くのが目的ではない。あくまで，社会人予備軍としての謙虚さと素直さを失わないようにする。

　知識や学力よりも，その人の人間性，ビジネスマンとしての可能性を重視するからこそ，面接担当者は，学生生活全般について尋ねることで，書類だけでは分からない人間性を探ろうとする。

　何かうち込んだものや思い出に残る経験などは，その人の人間的な成長になんらかの作用を及ぼしているものだ。どんな経験であっても，そこから受けた印象や教訓などは，明確に答えられるようにしておきたい。

4. 一般常識・時事問題

　一般常識・時事問題については筆記試験の分野に属するが，面接でこうしたテーマがもち出されることも珍しくない。受験者がどれだけ社会問題に関心をもっているか，一般常識をもっているか，また物事の見方・考え方に偏りがないかなどを判定する。知識や教養だけではなく，一問一答の応答を通じて，その人の性格や適応能力まで判断されることになる。

07 面接に向けての事前準備

■面接試験1カ月前までには万全の準備をととのえる

●志望会社・職種の研究

　新聞の経済欄や経済雑誌などのほか，会社年鑑，株式情報など書物による研究をしたり，インターネットにあがっている企業情報や，検索によりさまざまな角度から調べる。すでにその会社へ就職している先輩や知人に会って知識を得たり，大学のキャリアセンターへ情報を求めるなどして総合的に判断する。

■専攻科目の知識・卒論のテーマなどの整理

大学時代にどれだけ勉強してきたか，専攻科目や卒論のテーマなどを整理しておく。

■時事問題に対する準備

　毎日欠かさず新聞を読む。志望する企業の話題は，就職ノートに整理するなどもアリ。

面接当日の必需品

❏必要書類（履歴書，卒業見込証明書，成績証明書，健康診断書，推薦状）

❏学生証

❏就職ノート（志望企業ファイル）

❏印鑑，朱肉

❏筆記用具（万年筆，ボールペン，サインペン，シャープペンなど）

❏手帳，ノート

❏地図（訪問先までの交通機関などをチェックしておく）

❏現金（小銭も用意しておく）

❏腕時計（オーソドックスなデザインのもの）

❏ハンカチ，ティッシュペーパー

❏くし，鏡（女性は化粧品セット）

❏シューズクリーナー

❏ストッキング

❏折りたたみ傘（天気予報をチェックしておく）

❏携帯電話，充電器

■一般常識試験

> 社会人として企業活動を行ううえで最低限必要となる一般常識のほか，
> 英語，国語，社会(時事問題)，数学などの知識の程度を確認するもの。

　難易度はおおむね中学・高校の教科書レベル。一般常識の問題集を1冊やっておけばよいが，業界によっては専門分野が出題されることもあるため，必ず志望する企業のこれまでの試験内容は調べておく。

■一般常識試験の対策

- ・英語　慣れておくためにも，教科書を復習する，英字新聞を読むなど。
- ・国語　漢字，四字熟語，反対語，同音異義語，ことわざをチェック。
- ・時事問題　新聞や雑誌,テレビ,ネットニュースなどアンテナを張っておく。

■適性検査

　SPI（Synthetic Personality Inventory）試験（SPI3試験）とも呼ばれ，能力テストと性格テストを合わせたもの。

　能力テストでは国語能力を測る「言語問題」と，数学能力を測る「非言語問題」がある。言語的能力，知覚能力，数的能力のほか，思考・推理能力，記憶力，注意力などの問題で構成されている。

　性格テストは「はい」か「いいえ」で答えていく。仕事上の適性と性格の傾向などが一致しているかどうかをみる。

> SPIは職務への適応性を客観的にみるためのもの。

01 「論文」と「作文」

　一般に「論文」はあるテーマについて自分の意見を述べ，その論証をする文章で，必ず意見の主張とその論証という2つの部分で構成される。問題提起と論旨の展開，そして結論を書く。

　「作文」は，一般的には感想文に近いテーマ，たとえば「私の興味」「将来の夢」といったものがある。

　就職試験では「論文」と「作文」を合わせた"論作文"とでもいうようなものが出題されることが多い。

　論作文試験とは，「文章による面接」。テーマに書き手がどういう態度を持っているかを知ることが，出題の主な目的だ。受験者の知識・教養・人生観・社会観・職業観，そして将来への希望などが，どのような思考を経て，どう表現されているかによって，企業にとって，必要な人物かどうかを判断している。

　論作文の場合には，書き手の社会的意識や考え方に加え，「感銘を与える」働きが要求される。就職活動とは，企業に対し「自分をアピールすること」だということを常に念頭に置いておきたい。

Point

論文と作文の違い

	論　　文	作　　文
テーマ	学術的・社会的・国際的なテーマ。時事，経済問題など	個人的・主観的なテーマ。人生観，職業観など
表現	自分の意見や主張を明確に述べる。	自分の感想を述べる。
展開	四段型（起承転結）の展開が多い。	三段型（はじめに・本文・結び）の展開が多い。
文体	「だ調・である調」のスタイルが多い。	「です調・ます調」のスタイルが多い。

・テーマ

与えられた課題（テーマ）を，受験者はどのように理解しているか。

出題されたテーマの意義をよく考え，それに対する自分の意見や感情が，十分に整理されているかどうか。

・表現力

課題について本人が感じたり，考えたりしたことを，文章で的確に表しているか。

・字・用語・その他

かなづかいや送りがなが合っているか，文中で引用されている格言やことわざの類が使用法を間違えていないか，さらに誤字・脱字に至るまで，文章の基本的な力が受験者の人柄ともからんで厳密に判定される。

・オリジナリティ

魅力がある文章とは，オリジナリティを率直に出すこと。自分の感情や意見を，自分の言葉で表現する。

・生活態度

文章は，書き手の人格や人柄を映し出す。平素の社会的関心や他人との協調性，趣味や読書傾向はどうであるかといった，受験者の日常における生き方，生活態度がみられる。

・字の上手・下手

できるだけ読みやすい字を書く努力をする。また，制限字数より文章が長くなって原稿用紙の上下や左右の空欄に書き足したりすることは避ける。消しゴムで消す場合にも，丁寧に。

いずれの場合でも，表面的な文章力を問うているのではなく，受験者の人柄のほうを重視している。

マナーチェックリスト

就活において企業の人事担当は，面接試験やOG／OB訪問，そして面接試験において，あなたのマナーや言葉遣いといった，「常識力」をチェックしている。現在の自分はどのくらい「常識力」が身についているかをチェックリストで振りかえり，何ができて，何ができていないかを明確にしたうえで，今後の取り組みに生かしていこう。

評価基準　5：大変良い　4：やや良い　3：どちらともいえない　2：やや悪い　1：悪い

	項　目	評　価	メ　モ
挨拶	明るい笑顔と声で挨拶をしているか		
	相手を見て挨拶をしているか		
	相手より先に挨拶をしているか		
	お辞儀を伴った挨拶をしているか		
	直接の応対者でなくても挨拶をしているか		
表情	笑顔で応対しているか		
	表情に私的感情がでていないか		
	話しかけやすい表情をしているか		
	相手の話は真剣な顔で聞いているか		
身だしなみ	前髪は目にかかっていないか		
	髪型は乱れていないか／長い髪はまとめているか		
	髭の剃り残しはないか／化粧は健康的か		
	服は汚れていないか／清潔に手入れされているか		
	機能的で職業・立場に相応しい服装をしているか		
	華美なアクセサリーはつけていないか		
	爪は伸びていないか		
	靴下の色は適当か／ストッキングの色は自然な肌色か		
	靴の手入れは行き届いているか		
	ポケットに物を詰めすぎていないか		

項　目	評　価	メ　モ
言葉遣い 専門用語を使わず，相手にわかる言葉で話しているか		
状況や相手に相応しい敬語を正しく使っているか		
相手の聞き取りやすい音量・速度で話しているか		
語尾まで丁寧に話しているか		
気になる言葉癖はないか		
動作 物の授受は両手で丁寧に実施しているか		
案内・指し示し動作は適切か		
キビキビとした動作を心がけているか		
心構え 勤務時間・指定時間の5分前には準備が完了しているか		
心身ともに健康管理をしているか		
仕事とプライベートの切替えができているか		

☑ 常に自己点検をするクセをつけよう

「人を表情やしぐさ，身だしなみなどの見かけで判断してはいけない」と一般にいわれている。確かに，人の個性は見かけだけではなく，内面においても見いだされるもの。しかし，私たちは人を第一印象である程度決めてしまう傾向がある。それが面接試験など初対面の場合であればなおさらだ。したがって，チェックリストにあるような挨拶，表情，身だしなみ等に注意して面接試験に臨むことはとても重要だ。ただ，これらは面接試験前にちょっと対策したからといって身につくようなものではない。付け焼き刃的な対策をして面接試験に臨んでも，面接官はあっという間に見抜いてしまう。日頃からチェックリストにあるような項目を意識しながら行動することが大事であり，そうすることで，最初はぎこちない挨拶や表情等も，その人の個性に応じたすばらしい所作へ変わっていくことができるのだ。さっそく，本日から実行してみよう。

面接試験において，印象を決定づける表情はとても大事。
どのようにすれば感じのいい表情ができるのか，ポイントを確認していこう。

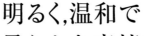

明るく，温和で 柔らかな表情をつくろう

人間関係の潤滑油

表情に関しては，まずは豊かである
ということがベースになってくる。う
れしい表情，困った表情，驚いた表
情など，さまざまな気持ちを表現で
きるということが，人間関係を潤いの
あるものにしていく。

Point

　表情はコミュニケーションの大前提。相手に「いつでも話しかけてくださ
いね」という無言の言葉を発しているのが，就活に求められる表情だ。面接
官が安心してコミュニケーションをとろうと思ってくれる表情。それが，明
るく，温和で柔らかな表情となる。

カンタンTraining

Training **01**

喜怒哀楽を表してみよう

- ・人との出会いを楽しいと思うことが表情の基本
- ・表情を豊かにする大前提は相手の気持ちに寄り添うこと
- ・目元・口元だけでなく，眉の動きを意識することが大事

Training **02**

表情筋のストレッチをしよう

- ・表情筋は「ウイスキー」の発音によって鍛える
- ・意識して毎日，取り組んでみよう
- ・笑顔の共有によって相手との距離が縮まっていく

コミュニケーションは挨拶から始まり，その挨拶ひとつで印象は変わるもの。ポイントを確認していこう。

丁寧にしっかりと
はっきり挨拶をしよう

人間関係の第一歩

挨拶は心を開いて，相手に近づくコミュニケーションの第一歩。たかが挨拶，されど挨拶の重要性をわきまえて，きちんとした挨拶をしよう。形，つまり"技"も大事だが，心をこめることが最も重要だ。

Point

　挨拶はコミュニケーションの第一歩。相手が挨拶するのを待っているのは望ましくない。挨拶の際のポイントは丁寧であることと，はっきり声に出すことの2つ。丁寧な挨拶は，相手を大事にして迎えている気持ちの表れとなる。はっきり声に出すことで，これもきちんと相手を迎えていることが伝わる。また，相手もその応答として挨拶してくれることで，会ってすぐに双方向のコミュニケーションが成立する。

いますぐデキる
カンタンTraining

Training 01

3つのお辞儀をマスターしよう

① 会釈（15度）　　　② 敬礼（30度）　　　③ 最敬礼（45度）

・息を吸うことを意識してお辞儀をするとキレイな姿勢に
・目線は真下ではなく，床前方1.5m先ぐらいを見よう
・相手への敬意を忘れずに

Training 02

対面時は言葉が先，お辞儀が後

・相手に体を向けて先に自ら挨拶をする
・挨拶時，相手とアイコンタクトを
　しっかり取ろう
・挨拶の後に，お辞儀をする。
　これを「語先後礼」という

STEP 3 　聞く姿勢

コミュニケーションは「話す」よりも「聞く」ことといわれる。相手が話しやすい聞き方の，ポイントを確認しよう。

受容の立場で
傾聴しよう

相手の話を受けとめる

話を聞くときは，やや前に傾く姿勢をとる。表情と姿勢が合わさることにより，話し手の心が開き「あれも，これも話そう」という気持ちになっていく。また，「はい」と一度のお辞儀で頷くと相手の話を受け止めているというメッセージにつながる。

Point

　話をすること，話を聞いてもらうことは誰にとってもプレッシャーを伴うもの。そのため，「何でも話して良いんですよ」「何でも話を聞きますよ」「心配しなくて良いんですよ」という気持ちで聞くことが大切になる。その気持ちが聞く姿勢に表れれば，相手は安心して話してくれる。

いますぐデキる
カンタンTraining

Training 01
頷きは一度で

・相手が話した後に「はい」と
　一言発する
・頷きすぎは逆効果

Training 02
目線は自然に

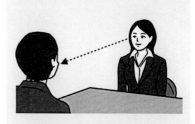

・鼻の付け根あたりを見ると
　自然な印象に
・目を見つめすぎるのはNG

Training 03
話の句読点で視線を移す

・視線は話している人を見ることが基本
・複数の人の話を聞くときは句読点を意識し，
　視線を振り分けることで聞く姿勢を表す

STEP4　伝わる話し方

自分の意思を相手に明確に伝えるためには，話し方が重要となる。はっきりと的確に話すためのポイントを確認しよう。

明るい発声を心がけよう

ボリュームを意識して

話すときのポイントとしては，ボリュームを意識することが挙げられる。会議室の一番奥にいる人に声が届くように意識することで，声のボリュームはコントロールされていく。

Point

コミュニケーションとは「伝達」すること。どのようなことも，適当に伝えるのではなく，伝えるべきことがきちんと相手に届くことが大切になる。そのためには，はっきりと，分かりやすく，丁寧に，心を込めて話すこと。言葉だけでなく，表情やジェスチャーを加えることも有効。

いますぐデキる
カンタンTraining

Training 01
腹式呼吸で発声練習

- ・「あえいうえおあお」と発声する
- ・腹式呼吸は，胸部をなるべく動かさずに，息を吸うときにお腹や腰が膨らむよう意識する呼吸法

Training 02
早口言葉にチャレンジ

おあやや
母親に
お謝り

- ・「おあやや，母親に，お謝り」と早口で
- ・口がすぼまった「お」と口が開いた「あ」の発音に，変化をつけられるかがポイント

Training 03
ジェスチャーを有効活用

- ・腰より上でジェスチャーをする
- ・体から離した位置に手をもっていく
- ・ジェスチャーをしたら戻すところをさだめておく

身だしなみはその人自身を表すもの。身だしなみの基本について，ポイントを確認しよう。

清潔感,さわやかさを
醸し出せるようにしよう

プロの企業人に
ふさわしい身だしなみを

信頼感，安心感をもたれる身だしなみを考えよう。TPOに合わせた服装は，すなわち"礼"を表している。そして，身だしなみには，「清潔感」，「品のよさ」，「控え目である」という，3つのポイントがある。

Point

相手との心理的な距離や物理的な距離が遠ければ，コミュニケーションは成立しにくくなる。見た目が不潔では誰も近付いてこない。身だしなみが清潔であること，爽やかであることは相手との距離を縮めることにも繋がる。

いますぐデキる
カンタンTraining

Training **01**

髪型，服装を整えよう

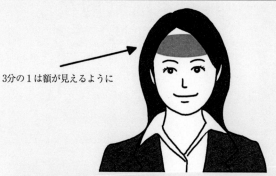

3分の1は額が見えるように

- 男性も女性も眉が見える髪型が望ましい。3分の1は額が見えるように。額は知性と清潔感を伝える場所。男性の髪の長さは耳や襟にかからないように
- スーツで相手の前に立つときは，ボタンはすべて留める。男性の場合は下のボタンは外す

Training **02**

おしゃれとの違いを明確に

- 爪はできるだけ切りそろえる
- 爪の中の汚れにも注意
- ジェルネイル，ネイルアートはNG

Training **03**

足元にも気を配って

- 女性の場合はパンプス，男性の場合は黒の紐靴が望ましい
- 靴はこまめに汚れを落とし見栄えよく

STEP 6 姿勢

姿勢にはその人の意欲が反映される。前向き，活動的な姿勢を表すにはどうしたらよいか，ポイントを確認しよう。

前向き,活動的な 姿勢を維持しよう

一直線と左右対称

正しい立ち姿として，耳，肩，腰，くるぶしを結んだ線が一直線に並んでいることが最大のポイントになる。そのラインが直線に近づくほど立ち姿がキレイに整っていることになる。また，"左右対称"というのもキレイな姿勢の要素のひとつになる。

Point

　姿勢は，身体と心の状態を反映するもの。そのため，良い姿勢でいることは，印象が清々しいだけでなく，健康で元気そうに見え，話しかけやすさにも繋がる。歩く姿勢，立つ姿勢，座る姿勢など，どの場面にも心身の健康状態が表れるもの。日頃から心身の健康状態に気を配り，フィジカルとメンタル両面の自己管理を心がけよう。

カンタンTraining

Training 01

キレイな歩き方を心がけよう

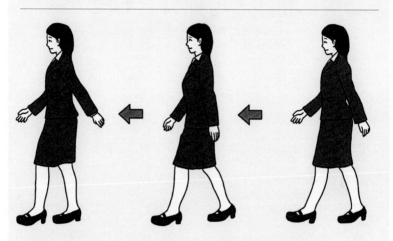

- 女性は1本の線上を，男性はそれよりも太い線上を沿うように歩く
- 一歩踏み出したときに前の足に体重を乗せるように，腰から動く
- 12時の方向につま先をもっていく

Training 02

前向きな気持ちを持とう

- 常に前向きな気持ちが姿勢を正す
- ポジティブ思考を心がけよう

言葉遣いの正しさはとは，場面にあった言葉を遣うということ。相手を気づかいながら，言葉を選ぶことで，より正しい言葉に近づいていく。

相手と場面に合わせた
ふさわしい言葉遣いを

次の文は接客の場面でよくある間違えやすい敬語です。
それぞれの言い方は〇×どちらでしょうか。

問1 「資料をご拝読いただきありがとうございます」

問2 「こちらのパンフレットはもういただかれましたか？」

問3 「恐れ入りますが，こちらの用紙にご記入してください」

問4 「申し訳ございませんが，来週，休ませていただきます」

問5 「先ほどの件，帰りましたら上司にご報告いたしますので」

Point

ビジネスのシーンに敬語は欠くことができない。何度もやり取りをしていく中で，親しさの度合いによっては，あえてくだけた表現を用いることもあるが，「親しき仲にも礼儀あり」と言われるように，敬意や心づかいをおろそかにしてはいけないもの。相手に誤解されたり，相手の気分を壊すことのないように，相手や場面にふさわしい言葉遣いが大切になる。

問1 （×）　○正しい言い換え例

→「ご覧いただきありがとうございます」など

「拝読」は自分が「読む」意味の謙譲語なので，相手の行為に使うのは誤り。読むと見るは同義なため，多く，見るの尊敬語「ご覧になる」が用いられる。

問2 （×）　○正しい言い換え例

→「お持ちですか」「お渡ししましたでしょうか」　など

「いただく」は，食べる・飲む・もらうの謙譲語。「もらったかどうか」と聞きたいのだから，「おもらいになりましたか」と言えないこともないが，持っているかどうか，受け取ったかどうかという意味で「お持ちですか」などが使われることが多い。また，自分側が渡すような場合は，「お渡しする」を使って「お渡ししましたでしょうか」などの言い方に換えることもできる。

問3 （×）　○正しい言い換え例

→「恐れ入りますが，こちらの用紙にご記入ください」など

「ご記入する」の「お（ご）〜する」は謙譲語の形。相手の行為を謙譲語で表すことになるため誤り。「して」を取り除いて「ご記入ください」か，和語に言い換えて「お書きください」とする。ほかにも「お書き／ご記入・いただけますでしょうか・願います」などの表現もある。

問4 （△）

有給休暇を取る場合や，弔事等で休むような場面で，用いられることも多い。「休ませていただく」ということで一見丁寧に響くが，「来週休むと自分で休みを決めている」という勝手な表現にも受け取られかねない言葉だ。ここは同じ「させていただく」を用いても，相手の都合をうかがう言い方に換えて「○○がございまして，申し訳ございませんが，休みをいただいてもよろしいでしょうか」などの言い換えが好ましい。

問5 （×）○正しい言い換え例

→「上司に報告いたします」

「ご報告いたします」は，ソトの人との会話で使うとするならば誤り。「ご報告いたします」の「お・ご〜いたす」は，「お・ご〜する」と「〜いたす」という2つの敬語を含む言葉。そのうちの「お・ご〜する」は，主語である自分を低めて相手＝上司を高める働きをもつ表現（謙譲語Ⅰ）。一方「〜いたす」は，主語の私を低めて，話の聞き手に対して丁重に述べる働きをもつ表現（謙譲語Ⅱ　丁重語）。「お・ご〜する」も「〜いたす」も同じ謙譲語であるため紛らわしいが，主語を低める（謙譲）という働きは同じでも，行為の相手を高める働きがあるかないかという点に違いがあるといえる。

敬語は正しく使用することで，相手の印象を大きく変えることができる。尊敬語，謙譲語の区別をはっきりつけて，誤った用法で話すことのないように気をつけよう。

言葉の使い方が
マナーを表す!

■よく使われる尊敬語の形　「言う・話す・説明する」の例

専用の尊敬語型	おっしゃる
〜れる・〜られる型	言われる・話される・説明される
お（ご）〜になる型	お話しになる・ご説明になる
お（ご）〜なさる型	お話しなさる・ご説明なさる

■よく使われる謙譲語の形　「言う・話す・説明する」の例

専用の謙譲語型	申す・申し上げる
お（ご）〜する型	お話しする・ご説明する
お（ご）〜いたす型	お話しいたします・ご説明いたします

Point

　同じ尊敬語・謙譲語でも，よく使われる代表的な形がある。ここではその一例をあげてみた。敬語の使い方に迷ったときなどは，まずはこの形を思い出すことで，大抵の語はこの型にはめ込むことができる。同じ言葉を用いたほうがよりわかりやすいといえるので，同義に使われる「言う・話す・説明する」を例に考えてみよう。

　ほかにも「お話しくださる」や「お話しいただく」「お元気でいらっしゃる」などの形もあるが，まずは表の中の形を見直そう。

■よく使う動詞の尊敬語・謙譲語

なお，尊敬語の中の「言われる」などの「れる・られる」を付けた形は省力している。

基本	尊敬語（相手側）	謙譲語（自分側）
会う	お会いになる	お目にかかる・お会いする
言う	おっしゃる	申し上げる・申す
行く・来る	いらっしゃる おいでになる お見えになる お越しになる お出かけになる	伺う・参る お伺いする・参上する
いる	いらっしゃる・おいでになる	おる
思う	お思いになる	存じる
借りる	お借りになる	拝借する・お借りする
聞く	お聞きになる	拝聴する 拝聞する お伺いする・伺う お聞きする
知る	ご存じ（知っているという意で）	存じ上げる・存じる
する	なさる	いたす
食べる・飲む	召し上がる・お召し上がりになる お飲みになる	いただく・頂戴する
見る	ご覧になる	拝見する
読む	お読みになる	拝読する

「お伺いする」「お召し上がりになる」などは，「伺う」「召し上がる」自体が敬語なので
「二重敬語」ですが，慣習として定着しており間違いではないもの。

Point

　上記の「敬語表」は，よく使うと思われる動詞をそれぞれ尊敬語・謙譲語
で表したもの。このように大体の言葉は型にあてはめることができる。言
葉の中には「お（ご）」が付かないものもあるが，その場合でも「〜なさる」
を使って，「スピーチなさる」や「運営なさる」などと言うことができる。ま
た，表では，「言う」の尊敬語「言われる」の例は省いているが，れる・ら
れる型の「言われる」よりも「おっしゃる」「お話しになる」「お話しなさる」
などの言い方のほうが，より敬意も高く，言葉としても何となく響きが落ち
着くといった印象を受けるものとなる。

会話は相手があってのこと。いかなる場合でも，相手に対する心くばりを忘れないことが，会話をスムーズに進めるためのコツになる。

心くばりを添えるひと言で
言葉の印象が変わる!

　相手に何かを頼んだり，また相手の依頼を断ったり，相手の抗議に対して反論したりする場面では，いきなり自分の意見や用件を切り出すのではなく，場面に合わせて心くばりを伝えるひと言を添えてから本題に移ると，響きがやわらかくなり，こちらの意向も伝えやすくなる。俗にこれは「クッション言葉」と呼ばれている。（右表参照）

Point

　ビジネスの場面で，相手と話したり手紙やメールを送る際には，何か依頼事があってという場合が多いもの。その場合に「ちょっとお願いなんですが…」では，ふだんの会話と変わりがないものになってしまう。そこを「突然のお願いで恐れ入りますが」「急にご無理を申しまして」「こちらの勝手で恐縮に存じますが」「折り入ってお願いしたいことがございまして」などの一言を添えることで，直接的なきつい感じが和らぐだけでなく，「申し訳ないのだけれど，もしもそうしていただくことができればありがたい」という，相手への配慮や願いの気持ちがより強まる。このような前置きの言葉もうまく用いて，言葉に心くばりを添えよう。

相手の意向を尋ねる場合	「よろしければ」「お差し支えなければ」
	「ご都合がよろしければ」「もしお時間がありましたら」
	「もしお嫌いでなければ」「ご興味がおありでしたら」
相手に面倒を かけてしまうような場合	「お手数をおかけしますが」
	「ご面倒をおかけしますが」
	「お手を煩わせまして恐縮ですが」
	「お忙しい時に申し訳ございませんが」
	「お時間を割いていただき申し訳ありませんが」
	「貴重なお時間を頂戴し恐縮ですが」
自分の都合を 述べるような場合	「こちらの勝手で恐縮ですが」
	「こちらの都合（ばかり）で申し訳ないのですが」
	「私どもの都合ばかりを申しまして，まことに申し訳な く存じますが」
	「ご無理を申し上げまして恐縮ですが」
急な話をもちかけた場合	「突然のお願いで恐れ入りますが」
	「急にご無理を申しまして」
	「もっと早くにご相談申し上げるべきところでございま したが」
	「差し迫ってのことでまことに申し訳ございませんが」
何度もお願いする場合	「たびたびお手数をおかけしまして恐縮に存じますが」
	「重ね重ね恐縮に存じますが」
	「何度もお手を煩わせまして申し訳ございませんが」
	「ご面倒をおかけしてばかりで，まことに申し訳ござい ませんが」
難しいお願いをする場合	「ご無理を承知でお願いしたいのですが」
	「たいへん申し上げにくいのですが」
	「折り入ってお願いしたいことがございまして」
あまり親しくない相手に お願いする場合	「ぶしつけなお願いで恐縮ですが」
	「ぶしつけながら」
	「まことに厚かましいお願いでございますが」
相手の提案・誘いを断る場合	「申し訳ございませんが」
	「（まことに）残念ながら」
	「せっかくのご依頼ではございますが」
	「たいへん恐縮ですが」
	「身に余るお言葉ですが」
	「まことに失礼とは存じますが」
	「たいへん心苦しいのですが」
	「お引き受けしたいのはやまやまですが」
問い合わせの場合	「つかぬことをうかがいますが」
	「突然のお尋ねで恐縮ですが」

ここでは文章の書き方における，一般的な敬称について言及している。はがき，手紙，メール等，通信手段はさまざま。それぞれの特性をふまえて有効活用しよう。

相手の気持ちになって
見やすく美しく書こう

■敬称のいろいろ

敬称	使う場面	例
様	職名・役職のない個人	（例）飯田知子様／ご担当者様／経理部長　佐藤一夫様
殿	職名・組織名・役職のある個人（公用文など）	（例）人事部長殿／教育委員会殿／田中四郎殿
先生	職名・役職のない個人	（例）松井裕子先生
御中	企業・団体・官公庁などの組織	（例）○○株式会社御中
各位	複数あてに同一文書を出すとき	（例）お客様各位／会員各位

Point

　封筒・はがきの表書き・裏書きは縦書きが基本だが，洋封筒で親しい人にあてる場合は，横書きでも問題ない。いずれにせよ，定まった位置に，丁寧な文字でバランス良く，正確に記すことが大切。特に相手の住所や名前を乱雑な文字で書くのは，配達の際の間違いを引き起こすだけでなく，受け取る側に不快な思いをさせる。相手の気持ちになって，見やすく美しく書くよう心がけよう。

■各通信手段の長所と短所

	長所	短所	用途
封書	・封を開けなければ本人以外の目に触れることがない。 ・丁寧な印象を受ける。	・多量の資料・画像送付には不向き。 ・相手に届くまで時間がかかる。	・儀礼的な文書(礼状・わび状など) ・目上の人あての文書 ・重要な書類 ・他人に内容を読まれたくない文書
はがき・カード	・封書よりも気軽にやり取りできる。 ・年賀状や季節の便り，旅先からの連絡など絵はがきとしても楽しむことができる。	・封に入っていないため，第三者の目に触れることがある。 ・中身が見えるので，改まった礼状やわび状，こみ入った内容には不向き。 ・相手に届くまで時間がかかる。	・通知状　　　・案内状 ・送り状　　　・旅先からの便り ・各種お祝い　・お礼 ・季節の挨拶
ＦＡＸ	・手書きの図やイラストを文章といっしょに送れる。 ・すぐに届く。 ・控えが手元に残る。	・多量の資料の送付には不向き。 ・事務的な用途で使われることが多く，改まった内容の文書，初対面の人へは不向き。	・地図，イラストの入った文書 ・印刷物（本・雑誌など）
電話	・急ぎの連絡に便利。 ・相手の反応をすぐに確認できる。 ・直接声が聞けるので，安心感がある。	・連絡できる時間帯が制限される。 ・長々としたこみ入った内容は伝えづらい。	・緊急の用件 ・確実に用件を伝えたいとき
メール	・瞬時に届く。　・控えが残る。 ・コストが安い。 ・大容量の資料や画像をデータで送ることができる。 ・一度に大勢の人に送ることができる。 ・相手の居場所や状況を気にせず送れる。	・事務的な印象を与えるので，改まった礼状やわび状には不向き。 ・パソコンや携帯電話を持っていない人には送れない。 ・ウィルスなどへの対応が必要。	・データで送りたいとき ・ビジネス上の連絡

Point

　はがきは手軽で便利だが，おわびやお願い，格式を重んじる手紙には不向きとなる。この種の手紙は内容もこみ入ったものとなり，加えて丁寧な文章で書かなければならないので，数行で済むことはまず考えられない。また，封筒に入っていないため，他人の目に触れるという難点もある。このように，はがきにも長所と短所があるため，使う場面や相手によって，他の通信手段と使い分けることが必要となる。

　はがき以外にも，封書・電話・ＦＡＸ・メールなど，現代ではさまざまな通信手段がある。上に示したように，それぞれ長所と短所があるので，特徴を知って用途によって上手に使い分けよう。

社会人のマナーとして，電話応対のスキルは必要不可欠。まずは失礼なく電話に出ることからはじめよう。積極性が重要だ。

相手の顔が見えない分
対応には細心の注意を

■電話をかける場合

①　○○先生に電話をする

× 「私，□□社の××と言いますが，○○様はおられますでしょうか？」

○ **「××と申しますが，○○様はいらっしゃいますか？」**

「おられますか」は「おる」を謙譲語として使うため，通常は相手がいるかどうかに関しては，「いらっしゃる」を使うのが一般的。

②　相手の状況を確かめる

× 「こんにちは，××です，先日のですね…」

○ **「××です，先日は有り難うございました，今お時間よろしいでしょうか？」**

相手が忙しくないかどうか，状況を聞いてから話を始めるのがマナー。また，やむを得ず夜間や早朝，休日などに電話をかける際は，「夜分（朝早く）に申し訳ございません」「お休みのところ恐れ入ります」などのお詫びの言葉もひと言添えて話す。

③　相手が不在，何時ごろ戻るかを聞く場合

× 「戻りは何時ごろですか？」

○ **「何時ごろお戻りになりますでしょうか？」**

「戻り」はそのままの言い方，相手にはきちんと尊敬語を使う。

④　また自分からかけることを伝える

× 「そうですか，ではまたかけますので」

○ **「それではまた後ほど（改めて）お電話させていただきます」**

戻る時間がわかる場合は，「またお戻りになりましたころにでも」「また午後にでも」などの表現もできる。

■電話を受ける場合

① 電話を取ったら

× 「はい，もしもし，○○（社名）ですが」

○ 「はい，○○（社名）でございます」

② 相手の名前を聞いて

× 「どうも，どうも」

○ **「いつもお世話になっております」**

あいさつ言葉として定着している決まり文句ではあるが，日頃のお付き合いがあってこそ。あいさつ言葉もきちんと述べよう。「お世話様」という言葉も時折耳にするが，敬意が軽い言い方となる。適切な言葉を使い分けよう。

③ 相手が名乗らない

× 「どなたですか？」「どちらさまですか？」

○ 「失礼ですが，お名前をうかがってもよろしいでしょうか？」

名乗るのが基本だが，尋ねる態度も失礼にならないように適切な応対を心がけよう。

④ 電話番号や住所を教えてほしいと言われた場合

× 「はい，いいでしょうか？」　　× 「メモのご用意は？」

○ 「はい，申し上げます，よろしいでしょうか？」

「メモのご用意は？」は，一見親切なようにも聞こえるが，尋ねる相手も用意していることがほとんど。押し付けがましくならない程度に。

⑤ 上司への取次を頼まれた場合

× 「はい，今代わります」　　× 「○○部長ですね，お待ちください」

○ 「部長の○○でございますね，ただいま代わりますので，少々お待ちくださいませ」

○○部長という表現は，相手側の言い方となる。自分側を述べる場合は，「部長の○○」「○○」が適切。

～Point～

自分から電話をかける場合は，まずは自分の会社名や氏名を名乗るのがマナー。たとえ目的の相手が直接出た場合でも，電話では相手の様子が見えないことがほとんど。自分の勝手な判断で話し始めるのではなく，相手の都合を伺い，そのうえで話を始めるのが社会人として必要な気配りとなる。

デキるオトナをアピール
時候の挨拶

月	漢語調の表現 候, みぎりなどを付けて用いられます	口語調の表現
1月 (睦月)	初春・新春　頌春・ 小寒・大寒・厳寒	皆様におかれましては, よき初春をお迎えのことと存じます／厳しい寒さが続いております／珍しく暖かな寒の入りとなりました／大寒という言葉通りの厳しい寒さでございます
2月 (如月)	春寒・余寒・残寒・ 立春・梅花・向春	立春とは名ばかりの寒さ厳しい毎日でございます／梅の花もちらほらとふくらみ始め, 春の訪れを感じる今日この頃です／春の訪れが待ち遠しいこのごろでございます
3月 (弥生)	早春・浅春・春寒・ 春分・春暖	寒さもようやくゆるみ, 日ましに春めいてまいりました／ひと雨ごとに春めいてまいりました／日増しに暖かさが加わってまいりました
4月 (卯月)	春暖・陽春・桜花・ 桜花爛漫	桜花爛漫の季節を迎えました／春光うららかな好季節となりました／花冷えとでも申しましょうか, 何だか肌寒い日が続いております
5月 (皐月)	新緑・薫風・惜春・ 晩春・立夏・若葉	風薫るさわやかな季節を迎えました／木々の緑が目にまぶしいようでございます／目に青葉, 山ほととぎす, 初鰹の句も思い出される季節となりました
6月 (水無月)	梅雨・向暑・初夏・ 薄暑・麦秋	初夏の風もさわやかな毎日でございます／梅雨前線が近づいてまいりました／梅雨の晴れ間にのぞく青空は, まさに夏を思わせるようです
7月 (文月)	盛夏・大暑・炎暑・ 酷暑・猛暑	梅雨が明けたとたん, うだるような暑さが続いております／長い梅雨も明け, いよいよ本格的な夏がやってまいりました／風鈴の音がわずかに涼を運んでくれているようです
8月 (葉月)	残暑・晩夏・処暑・ 秋暑	立秋とはほんとうに名ばかりの厳しい暑さの毎日です／残暑たえがたい毎日でございます／朝夕はいくらかしのぎやすくなってまいりました
9月 (長月)	初秋・新秋・爽秋・ 新涼・清涼	九月に入りましてもなお, 日差しの強い毎日です／暑さもやっとおとろえはじめたようでございます／残暑も去り, ずいぶんとしのぎやすくなってまいりました
10月 (神無月)	清秋・錦秋・秋涼・ 秋冷・寒露	秋風もさわやかな過ごしやすい季節となりました／街路樹の葉も日ごとに色を増しております／紅葉の便りの聞かれるころとなりました／秋深く, 日増しに冷気も加わってまいりました
11月 (霜月)	晩秋・暮秋・霜降・ 初霜・向寒	立冬を迎え, まさに冬到来を感じる寒さです／木枯らしの季節になりました／日ごとに冷気が増すようでございます／朝夕はひときわ冷え込むようになりました
12月 (師走)	寒冷・初冬・師走・ 歳晩	師走を迎え, 何かと慌ただしい日々をお過ごしのことと存じます／年の瀬も押しつまり, 何かとお忙しくお過ごしのことと存じます／今年も残すところわずかとなりました, お忙しい毎日とお察しいたします

いますぐデキる
シチュエーション別会話例

シチュエーション1　　取引先との会話

「非常に素晴らしいお話で感心しました」→NG！

　「感心する」は相手の立派な行為や，優れた技量などに心を動かされるという意味。意味としては間違いではないが，目上の人に用いると，偉そうに聞こえかねない表現。「感動しました」などに言い換えるほうが好ましい。

シチュエーション2　　子どもとの会話

「お母さんは，明日はいますか？」→NG！

　たとえ子どもとの会話でも，子どもの年齢によっては，ある程度の敬語を使うほうが好ましい。「明日はいらっしゃいますか」では，むずかしすぎると感じるならば，「お出かけですか」などと表現することもできる。

シチュエーション3　　同僚との会話

「今，お暇ですか」→NG？

　同じ立場同士なので，暇に「お」が付いた形で「お暇」ぐらいでも構わないともいえるが，「暇」というのは，するべきことも何もない時間という意味。そのため「お暇ですか」では，あまりにも直接的になってしまう。その意味では「手が空いている」→「空いていらっしゃる」→「お手透き」などに言い換えることで，やわらかく敬意も含んだ表現になる。

シチュエーション4　　上司との会話

「なるほどですね」→NG！

　「なるほど」とは，相手の言葉を受けて，自分も同意見であることを表すため，相手の言葉・意見を自分が評価するというニュアンスも含まれている。そのため自分が評価して述べているという偉そうな表現にもなりかねない。同じ同意ならば，頷き「おっしゃる通りです」などの言葉のほうが誤解なく伝わる。

就活スケジュールシート

■年間スケジュールシート

1月	2月	3月	4月	5月	6月
企業関連スケジュール					
自己の行動計画					

就職活動をすすめるうえで，当然重要になってくるのは，自己のスケジュール管理だ。企業の選考スケジュールを把握することも大切だが，自分のペースで進めることになる自己分析や業界・企業研究，面接試験のトレーニング等の計画を立てることも忘れてはいけない。スケジュールシートに「記入」する作業を通して，短期・長期の両方の面から就職試験を考えるきっかけにしよう。

7月	8月	9月	10月	11月	12月
企業関連スケジュール					
自己の行動計画					

第**4**章

SPI対策

ほとんどの企業では，基本的な資質や能力を見極める
ため適性検査を実施しており，現在最も使われている
のがリクルートが開発した「SPI」である。

テストの内容は，「言語能力」「非言語能力」「性格」
の3つに分かれている。その人がどんな人物で，どん
な仕事で力を発揮しやすいのか，また，どんな組織に
なじみやすいかなどを把握するために行われる。

この章では，SPIの「言語能力」及び「非言語能力」の
分野で，頻出内容を絞って，演習問題を構成している。
演習問題に複数回チャレンジし，解説をしっかりと熟
読して，学習効果を高めよう。

SPI 対策

●SPIとは

　SPIは，Synthetic Personality Inventoryの略称で，株式会社リクルートが開発・販売を行っている就職採用向けのテストである。昭和49年から提供が始まり，平成14年と平成25年の2回改訂が行われ，現在はSPI3が最新になる。

　SPIは，応募者の仕事に対する適性，職業の適性能力，興味や関心を見極めるのに適しており，現在の就職採用テストでは主流となっている。

　SPIは，「知的能力検査」と「性格検査」の2領域にわけて測定され，知的能力検査は「言語能力検査（国語）」と「非言語能力検査（数学）」に分かれている。オプション検査として，「英語（ENG）検査」を実施することもある。性格適性検査では，性格を細かく分析するために，非常に多くの質問が出される。SPIの性格適性検査では，正式な回答はなく，全ての質問に正直に答えることが重要である。

　本章では，その中から，「言語能力検査」と「非言語能力検査」に絞って収録している。

●SPIを利用する企業の目的

①：志望者から人数を絞る

　一部上場企業にもなると，数万単位の希望者が応募してくる。基本的な資質能力や会社への適性能力を見極めるため，SPIを使って，人数の絞り込みを行う。

②：知的能力を見極める

　SPIは，応募者1人1人の基本的な知的能力を比較することができ，それによって，受検者の相対的な知的能力を見極めることが可能になる。

③：性格をチェックする

　その職種に対する適性があるが，300程度の簡単な質問によって発想力やパーソナリティを見ていく。性格検査なので，正解というものはなく，正直に回答していくことが重要である。

●SPIの受検形式

　SPIは，企業の会社説明会や会場で実施される「ペーパーテスト形式」と，パソコンを使った「テストセンター形式」とがある。

　近年，ペーパーテスト形式は減少しており，ほとんどの企業が，パソコンを使ったテストセンター形式を採用している。志望する企業がどのようなテストを採用しているか，早めに確認し，対策を立てておくこと。

●SPIの出題形式

　SPIは，言語分野，非言語分野，英語 (ENG)，性格適性検査に出題形式が分かれている。

科目	出題範囲・内容
言語分野	二語の関係，語句の意味，語句の用法，文の並び換え，空欄補充，熟語の成り立ち，文節の並び換え，長文読解　等
非言語分野	推論，場合の数，確率，集合，損益算，速度算，表の読み取り，資料の読み取り，長文読み取り　等
英語 (ENG)	同意語，反意語，空欄補充，英英辞書，誤文訂正，和文英訳，長文読解　等
性格適性検査	質問：300問程度　時間：約35分

●受検対策

　本章では，出題が予想される問題を厳選して収録している。問題と解答だけではなく，詳細な解説も収録しているので，分からないところは複数回問題を解いてみよう。

言語分野

二語関係

同音異義語

●あいせき
哀惜　死を悲しみ惜しむこと
愛惜　惜しみ大切にすること

●いぎ
意義　意味・内容・価値
異議　他人と違う意見
威儀　いかめしい挙動
異義　異なった意味

●いし
意志　何かをする積極的な気持ち
意思　しようとする思い・考え

●いどう
異同　異なり・違い・差
移動　場所を移ること
異動　地位・勤務の変更

●かいこ
懐古　昔を懐かしく思うこと
回顧　過去を振り返ること
解雇　仕事を辞めさせること

●かいてい
改訂　内容を改め直すこと
改定　改めて定めること

●かんしん
関心　気にかかること
感心　心に強く感じること
歓心　嬉しいと思う心

寒心　肝を冷やすこと

●きてい
規定　規則・定め
規程　官公庁などの規則

●けんとう
見当　だいたいの推測・判断・
　　　めあて
検討　調べ究めること

●こうてい
工程　作業の順序
行程　距離・みちのり

●じき
直　　すぐに
時期　時・折り・季節
時季　季節・時節
時機　適切な機会

●しゅし
趣旨　趣意・理由・目的
主旨　中心的な意味

●たいけい
体型　人の体格
体形　人や動物の形態
体系　ある原理に基づき個々のも
　　　のを統一したもの
大系　系統立ててまとめた叢書

●たいしょう

対象　行為や活動が向けられる相
　　　手
対称　対応する位置にあること
対照　他のものと照らし合わせる
　　　こと

●たんせい

端正　人の行状が正しくきちんと
　　　しているさま
端整　人の容姿が整っているさま

●はんざつ

繁雑　ごたごたと込み入ること

煩雑　煩わしく込み入ること

●ほしょう

保障　保護して守ること
保証　確かだと請け合うこと
補償　損害を補い償うこと

●むち

無知　知識・学問がないこと
無恥　恥を知らないこと

●ようけん

要件　必要なこと
用件　なすべき仕事

同訓漢字

●あう

合う…好みに合う。答えが合う。
会う…客人と会う。立ち会う。
遭う…事故に遭う。盗難に遭う。

●あげる

上げる…プレゼントを上げる。効
　　　　果を上げる。
挙げる…手を挙げる。全力を挙げ
　　　　る。
揚げる…凧を揚げる。てんぷらを
　　　　揚げる。

●あつい

暑い…夏は暑い。暑い部屋。
熱い…熱いお湯。熱い視線を送る。
厚い…厚い紙。面の皮が厚い。
篤い…志の篤い人。篤い信仰。

●うつす

写す…写真を写す。文章を写す。
映す…映画をスクリーンに映す。
　　　鏡に姿を映す。

●おかす

冒す…危険を冒す。病に冒された
　　　人。
犯す…犯罪を犯す。法律を犯す。
侵す…領空を侵す。プライバシー
　　　を侵す。

●おさめる

治める…領地を治める。水を治め
　　　　る。
収める…利益を収める。争いを収
　　　　める。
修める…学問を修める。身を修め
　　　　る。
納める…税金を納める。品物を納
　　　　める。

●かえる

変える…世界を変える。性格を変
　　　　える。
代える…役割を代える。背に腹は
　　　　代えられぬ。

替える…円をドルに替える。服を
　　　　替える。

●きく
聞く…うわさ話を聞く。明日の天
　　　　気を聞く。
聴く…音楽を聴く。講義を聴く。

●しめる
閉める…門を閉める。ドアを閉め
　　　　る。
締める…ネクタイを締める。気を
　　　　引き締める。
絞める…首を絞める。絞め技をか
　　　　ける。

●すすめる
進める…足を進める。話を進める。
勧める…縁談を勧める。加入を勧
　　　　める。
薦める…生徒会長に薦める。

●つく
付く…傷が付いた眼鏡。気が付く。
着く…待ち合わせ場所の公園に着
　　　　く。地に足が着く。

就く…仕事に就く。外野の守備に
　　　　就く。

●つとめる
務める…日本代表を務める。主役
　　　　を務める。
努める…問題解決に努める。療養
　　　　に努める。
勤める…大学に勤める。会社に勤
　　　　める。

●のぞむ
望む…自分の望んだ夢を追いかけ
　　　　る。
臨む…記者会見に臨む。決勝に臨
　　　　む。

●はかる
計る…時間を計る。将来を計る。
測る…飛行距離を測る。水深を測
　　　　る。

●みる
見る…月を見る。ライオンを見る。
診る…患者を診る。脈を診る。

演習問題

1 カタカナで記した部分の漢字として適切なものはどれか。
　1　手続きがハンザツだ　　　　　　　　【汎雑】
　2　誤りをカンカすることはできない　　【観過】
　3　ゲキヤクなので取扱いに注意する　　【激薬】
　4　クジュウに満ちた選択だった　　　　【苦重】
　5　キセイの基準に従う　　　　　　　　【既成】

2 下線部の漢字として適切なものはどれか。
家で飼っている熱帯魚を<u>かんしょう</u>する。
1 干渉
2 観賞
3 感傷
4 勧奨
5 鑑賞

3 下線部の漢字として適切なものはどれか。
彼に責任を<u>ついきゅう</u>する。
1 追窮
2 追究
3 追給
4 追求
5 追及

4 下線部の語句について，両方とも正しい表記をしているものはどれか。
1 私と母とは<u>相生</u>がいい。　　・この歌を<u>愛唱</u>している。
2 それは<u>規成</u>の事実である。　・<u>既製品</u>を買ってくる。
3 <u>同音異義語</u>を見つける。　　・会議で<u>意議</u>を申し立てる。
4 選挙の<u>大勢</u>が決まる。　　　・作曲家として<u>大成</u>する。
5 <u>無常</u>の喜びを味わう。　　　・<u>無情</u>にも雨が降る。

5 下線部の漢字として適切なものはどれか。
彼の体調は<u>かいほう</u>に向かっている。
1 介抱
2 快方
3 解放
4 回報
5 開放

[1] 5

解説　1　「煩雑」が正しい。「汎」は「汎用(はんよう)」などと使う。2　「看過」が正しい。「観」は「観光」や「観察」などと使う。　3　「劇薬」が正しい。「少量の使用であってもはげしい作用のするもの」という意味であるが「激」を使わないことに注意する。　4　「苦渋」が正しい。苦しみ悩むという意味で，「苦悩」と同意であると考えてよい。　5　「既成概念」などと使う場合もある。同音で「既製」という言葉があるが，これは「既製服」や「既製品」という言葉で用いる。

[2] 2

解説　同音異義語や同訓異字の問題は，その漢字を知っているだけでは対処できない。「植物や魚などの美しいものを見て楽しむ」場合は「観賞」を用いる。なお，「芸術作品」に関する場合は「鑑賞」を用いる。

[3] 5

解説　「ついきゅう」は，特に「追究」「追求」「追及」が頻出である。「追究」は「あることについて徹底的に明らかにしようとすること」，「追求」は「あるものを手に入れようとすること」，「追及」は「後から厳しく調べること」という意味である。ここでは，「責任」という言葉の後にあるので，「厳しく」という意味が含まれている「追及」が適切である。

[4] 4

解説　1の「相生」は「相性」,2の「規成」は「既成」,3の「意議」は「異議」,5の「無常」は「無上」が正しい。

[5] 2

解説　「快方」は「よい方向に向かっている」という意味である。なお，1は病気の人の世話をすること，3は束縛を解いて自由にすること，4は複数人で回し読む文書，5は出入り自由として開け放つ，の意味。

四字熟語

- □曖昧模糊 あいまいもこ―はっきりしないこと。
- □阿鼻叫喚 あびきょうかん―苦しみに耐えられないで泣き叫ぶこと。はなはだしい惨状を形容する語。
- □暗中模索 あんちゅうもさく―暗闇で手さぐりでものを探すこと。様子がつかめずどうすればよいかわからないままやってみること。
- □以心伝心 いしんでんしん―無言のうちに心から心に意思が通じ合うこと。
- □一言居士 いちげんこじ―何事についても自分の意見を言わなければ気のすまない人。
- □一期一会 いちごいちえ――生のうち一度だけの機会。
- □一日千秋 いちじつせんしゅう――日会わなければ千年も会わないように感じられることから，一日が非常に長く感じられること。
- □一念発起 いちねんほっき―決心して信仰の道に入ること。転じてある事を成就させるために決心すること。
- □一網打尽 いちもうだじん――網打つだけで多くの魚を捕らえることから，一度に全部捕らえること。
- □一獲千金 いっかくせんきん――時にたやすく莫大な利益を得ること。
- □一挙両得 いっきょりょうとく――つの行動で二つの利益を得ること。
- □意馬心猿 いばしんえん―馬が走り，猿が騒ぐのを抑制できないことにたとえ，煩悩や欲望の抑えられないさま。
- □意味深長 いみしんちょう―意味が深く含蓄のあること。
- □因果応報 いんがおうほう―よい行いにはよい報いが，悪い行いには悪い報いがあり，因と果とは相応じるものであるということ。
- □慇懃無礼 いんぎんぶれい―うわべはあくまでも丁寧だが，実は尊大であること。
- □有為転変 ういてんぺん―世の中の物事の移りやすくはかない様子のこと。
- □右往左往 うおうさおう―多くの人が秩序もなく動き，あっちへ行ったりこっちへ来たり，混乱すること。

□右顧左眄　うこさべん—右を見たり，左を見たり，周囲の様子ばかりうかがっていて決断しないこと。

□有象無象　うぞうむぞう—世の中の無形有形の一切のもの。たくさん集まったつまらない人々。

□海千山千　うみせんやません—経験を積み，その世界の裏まで知り抜いている老獪な人。

□紆余曲折　うよきょくせつ—まがりくねっていること。事情が込み入って，状況がいろいろ変化すること。

□雲散霧消　うんさんむしょう—雲や霧が消えるように，あとかたもなく消えること。

□栄枯盛衰　えいこせいすい—草木が繁り，枯れていくように，盛んになったり衰えたりすること。世の中の浮き沈みのこと。

□栄耀栄華　えいようえいが—権力や富貴をきわめ，おごりたかぶること。

□会者定離　えしゃじょうり—会う者は必ず離れる運命をもつということ。人生の無常を説いたことば。

□岡目八目　おかめはちもく—局外に立ち，第三者の立場で物事を観察すると，その是非や損失がよくわかるということ。

□温故知新　おんこちしん—古い事柄を究め新しい知識や見解を得ること。

□臥薪嘗胆　がしんしょうたん—たきぎの中に寝，きもをなめる意で，目的を達成するのために苦心，苦労を重ねること。

□花鳥風月　かちょうふうげつ—自然界の美しい風景，風雅のこころ。

□我田引水　がでんいんすい—自分の利益となるように発言したり行動したりすること。

□画竜点睛　がりょうてんせい—竜を描いて最後にひとみを描き加えたところ，天に上ったという故事から，物事を完成させるために最後に付け加える大切な仕上げ。

□夏炉冬扇　かろとうせん—夏の火鉢，冬の扇のようにその場に必要のない事物。

□危急存亡　ききゅうそんぼう—危機が迫ってこのまま生き残れるか滅びるかの瀬戸際。

□疑心暗鬼　ぎしんあんき—心の疑いが妄想を引き起こして実際にはいない鬼の姿が見えるようになることから，疑心が起こると何で

もないことまで恐ろしくなること。

□玉石混交　ぎょくせきこんこう―すぐれたものとそうでないものが入り
混じっていること。

□荒唐無稽　こうとうむけい―言葉や考えによりどころがなく，とりとめ
もないこと。

□五里霧中　ごりむちゅう―迷って考えの定まらないこと。

□針小棒大　しんしょうぼうだい―物事を大袈裟にいうこと。

□大同小異　だいどうしょうい―細部は異なっているが総体的には同じで
あること。

□馬耳東風　ばじとうふう―人の意見や批評を全く気にかけず聞き流すこ
と。

□波瀾万丈　はらんばんじょう―さまざまな事件が次々と起き，変化に富
むこと。

□付和雷同　ふわらいどう――定の見識がなくただ人の説にわけもなく賛
同すること。

□粉骨砕身　ふんこつさいしん―力の限り努力すること。

□羊頭狗肉　ようとうくにく―外見は立派だが内容がともなわないこと。

□竜頭蛇尾　りゅうとうだび―初めは勢いがさかんだが最後はふるわない
こと。

□臨機応変　りんきおうへん―時と場所に応じて適当な処置をとること。

演習問題

1　「海千山千」の意味として適切なものはどれか。
　1　様々な経験を積み，世間の表裏を知り尽くしてずる賢いこと
　2　今までに例がなく，これからもあり得ないような非常に珍しいこと
　3　人をだまし丸め込む手段や技巧のこと
　4　一人で千人の敵を相手にできるほど強いこと
　5　広くて果てしないこと

2 四字熟語として適切なものはどれか。
  1 竜頭堕尾
  2 沈思黙考
  3 孟母断危
  4 理路正然
  5 猪突猛伸

3 四字熟語の漢字の使い方がすべて正しいものはどれか。
  1 純真無垢　　青天白日　　疑心暗鬼
  2 短刀直入　　自我自賛　　危機一髪
  3 厚顔無知　　思考錯誤　　言語同断
  4 異句同音　　一鳥一石　　好機当来
  5 意味深長　　興味深々　　五里霧中

4 「一蓮托生」の意味として適切なものはどれか。
  1 一味の者を一度で全部つかまえること。
  2 物事が順調に進行すること。
  3 ほかの事に注意をそらさず，一つの事に心を集中させているさま。
  4 善くても悪くても行動・運命をともにすること。
  5 妥当なものはない。

5 故事成語の意味で適切なものはどれか。
  「塞翁(さいおう)が馬」
  1 たいして差がない
  2 幸不幸は予測できない
  3 肝心なものが欠けている
  4 実行してみれば意外と簡単
  5 努力がすべてむだに終わる

[1] 1

解説 2は「空前絶後」，3は「手練手管」，4は「一騎当千」，5は「広大無辺」である。

[2] 2

解説 2の沈思黙考は，「思いにしずむこと。深く考えこむこと。」の意味である。なお，1は竜頭蛇尾(始めは勢いが盛んでも，終わりにはふるわないこと)，3は孟母断機(孟子の母が織りかけの織布を断って，学問を中途でやめれば，この断機と同じであると戒めた譬え)，4は理路整然(話や議論の筋道が整っていること)，5は猪突猛進(いのししのように向こう見ずに一直線に進むこと)が正しい。

[3] 1

解説 2は「単刀直入」「自画自賛」，3は「厚顔無恥」「試行錯誤」「言語道断」，4は「異口同音」「一朝一夕」「好機到来」，5は「興味津々」が正しい。四字熟語の意味を理解する際，どのような字で書かれているかを意識するとよい。

[4] 4

解説 「一蓮托生」は，よい行いをした者は天国に行き，同じ蓮の花の上に生まれ変わるという仏教の教えから，「(ことの善悪にかかわらず)仲間として行動や運命をともにすること」をいう。

[5] 2

解説 「塞翁が馬」は「人間万事塞翁が馬」と表す場合もある。1は「五十歩百歩」，3は「画竜点睛に欠く」，4は「案ずるより産むが易し」，5は「水泡に帰する」の故事成語の意味である。

文法

I　品詞の種類

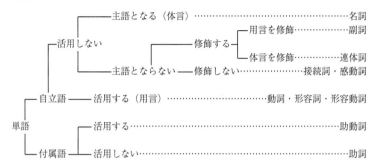

```
                ┌── 主語となる（体言） ……………………………………… 名詞
                │                          ┌── 用言を修飾 …………… 副詞
        ┌ 活用しない ──────── 修飾する ─┤
        │       │                          └── 体言を修飾 ………… 連体詞
   ┌ 自立語      └── 主語とならない ── 修飾しない ……………… 接続詞・感動詞
   │    └── 活用する（用言） ………………………… 動詞・形容詞・形容動詞
 単語
   │    ┌── 活用する ……………………………………………… 助動詞
   └ 付属語 ──┤
        └── 活用しない ………………………………………… 助詞
```

II　動詞の活用形

活用	基本	語幹	未然	連用	終止	連体	仮定	命令
五段	読む	読	ま　も	み	む	む	め	め
上一段	見る	見	み	み	みる	みる	みれ	みよ
下一段	捨てる	捨	て	て	てる	てる	てれ	てよ　てろ
カ変	来る	来	こ	き	くる	くる	くれ	こい
サ変	する	す	さ　し　せ	し	する	する	すれ	せよ　しろ
	主な接続語		ナイ・ウ・ヨウ	マス・テ・タ	言い切る	コト・トキ	バ	命令

III　形容詞の活用形

基本	語幹	未然	連用	終止	連体	仮定	命令
美しい	うつくし	かろ	かっ　く	い	い	けれ	○
主な用法		ウ	ナル・タ	言い切る	体言	バ	

IV　形容動詞の活用形

基本	語幹	未然	連用	終止	連体	仮定	命令
静かだ	静か	だろ	だっ　で　に	だ	な	なら	○
主な用法		ウ	タ　アル　ナル	言い切る	体言	バ	

V　文の成分

主語・述語の関係………花が — 咲いた。
修飾・被修飾の関係……きれいな — 花。
接続の関係………………花が咲いたので，花見をした。
並立の関係………………赤い花と白い花。
補助の関係………………花が咲いている。（二文節で述語となっている）

〈副詞〉自立語で活用せず，単独で文節を作り，多く連用修飾語を作る。

状態を表すもの…………ついに・さっそく・しばらく・ぴったり・すっかり

程度を表すもの…………もっと・すこし・ずいぶん・ちょっと・ずっと

陳述の副詞………………決して〜ない・なぜ〜か・たぶん〜だろう・もし〜ば

〈助動詞〉付属語で活用し，主として用言や他の助動詞について意味を添える。

① 使役……せる・させる（学校に行かせる　服を着させる）
② 受身……れる・られる（先生に怒られる　人に見られる）
③ 可能……れる・られる（歩いて行かれる距離　まだ着られる服）
④ 自発……れる・られる（ふと思い出される　容態が案じられる）
⑤ 尊敬……れる・られる（先生が話される　先生が来られる）
⑥ 過去・完了……た（話を聞いた　公園で遊んだ）
⑦ 打消……ない・ぬ（僕は知らない　知らぬ存ぜぬ）
⑧ 推量……だろう・そうだ（晴れるだろう　晴れそうだ）
⑨ 意志……う・よう（旅行に行こう　彼女に告白しよう）
⑩ 様態……そうだ（雨が降りそうだ）
⑪ 希望……たい・たがる（いっぱい遊びたい　おもちゃを欲しがる）
⑫ 断定……だ（悪いのは相手の方だ）
⑬ 伝聞……そうだ（試験に合格したそうだ）
⑭ 推定……らしい（明日は雨らしい）
⑮ 丁寧……です・ます（それはわたしです　ここにあります）
⑯ 打消推量・打消意志……まい（そんなことはあるまい　けっして言うまい）

〈助詞〉付属語で活用せず，ある語について，その語と他の語との関係を
補助したり，意味を添えたりする。
① 格助詞……主として体言に付き，その語と他の語の関係を示す。
→が・の・を・に・へ・と・から・より・で・や
② 副助詞……いろいろな語に付いて，意味を添える。
→は・も・か・こそ・さえ・でも・しか・まで・ばかり・だけ・など
③ 接続助詞……用言・活用語に付いて，上と下の文節を続ける。
→ば・けれども・が・のに・ので・ても・から・たり・ながら
④ 終助詞……文末（もしくは文節の切れ目）に付いて意味を添える。
→なあ（感動）・よ（念押し）・な（禁止）・か（疑問）・ね（念押し）

演習問題

1 次のア～オのうち，下線部の表現が適切でないものはどれか。
1 彼はいつもまわりに愛嬌をふりまいて，場を和やかにしてくれる。
2 的を射た説明によって，よく理解することができた。
3 舌先三寸で人をまるめこむのではなく，誠実に説明する。
4 この重要な役目は，彼女に白羽の矢が当てられた。
5 二の舞を演じないように，失敗から学ばなくてはならない。

2 次の文について，言葉の用法として適切なものはどれか。
1 矢折れ刀尽きるまで戦う。
2 ヘルプデスクに電話したが「分かりません」と繰り返すだけで取り付
く暇もなかった。
3 彼の言動は肝に据えかねる。
4 彼は証拠にもなく何度も賭け事に手を出した。
5 適切なものはない。

3 下線部の言葉の用法として適切なものはどれか。
1 彼はのべつ暇なく働いている。
2 あの人の言動は常軌を失っている。
3 彼女は熱に泳がされている。
4 彼らの主張に対して間髪をいれずに反論した。
5 彼女の自分勝手な振る舞いに顔をひそめた。

4 次の文で，下線部が適切でないものはどれか。
1 ぼくの目標は，兄より早く走れるようになることです。
2 先生のおっしゃることをよく聞くのですよ。
3 昨日は家で本を読んだり，テレビを見ていました。
4 風にざわめく木々は，まるで私たちにあいさつをしているようだった。
5 先生の業績については，よく存じております。

5 下線部の言葉の用法が適切でないものはどれか。
1 急いては事を仕損じるので，マイペースを心がける。
2 彼女は目端が利く。
3 世知辛い世の中になったものだ。
4 安全を念頭に置いて作業を進める。
5 次の試験に標準を合わせて勉強に取り組む。

○○○解答・解説○○○

1 4

解説 1の「愛嬌をふりまく」は，おせじなどをいい，明るく振る舞うこと，2の「的を射る」は的確に要点をとらえること，3の「舌先三寸」は口先だけの巧みに人をあしらう弁舌のこと，4はたくさんの中から選びだされるという意味だが，「白羽の矢が当てられた」ではなく，「白羽の矢が立った」が正しい。5の「二の舞を演じる」は他人がした失敗を自分もしてしまうという意味である。

2 5

解説 1「刀折れ矢尽きる」が正しく，「なす術がなくなる」という意味である。　2 話を進めるきっかけが見つからない。すがることができない，という意味になるのは「取り付く島がない」が正しい。　3 「言動」という言葉から，「我慢できなくなる」という意味の言葉を使う必要がある。「腹に据えかねる」が正しい。　4 「何度も賭け事に手を出した」という部分から「こりずに」という意味の「性懲りもなく」が正しい。

3	4

解 説　1「のべつ幕なしに」，2は「常軌を逸している」，3は「熱に浮かされている」，5は「眉をひそめた」が正しい。

4	3

解 説　3は前に「読んだり」とあるので，後半も「見たり」にしなければならないが，「見ていました」になっているので表現として適当とはいえない。

5	5

解 説　5は，「狙う，見据える」という意味の「照準」を使い，「照準を合わせて」と表記するのが正しい。

非言語分野

演習問題

1 分数 $\dfrac{30}{7}$ を小数で表したとき，小数第100位の数字として正しいものはどれか。

  1 1   2 2   3 4   4 5   5 7

2 $x=\sqrt{2}-1$ のとき，$x+\dfrac{1}{x}$ の値として正しいものはどれか。

  1 $2\sqrt{2}$ 2 $2\sqrt{2}-2$ 3 $2\sqrt{2}-1$ 4 $3\sqrt{2}-3$
  5 $3\sqrt{2}-2$

3 360の約数の総和として正しいものはどれか。

  1 1060   2 1170   3 1250   4 1280   5 1360

4 $\dfrac{x}{2}=\dfrac{y}{3}=\dfrac{z}{5}$ のとき，$\dfrac{x-y+z}{3x+y-z}$ の値として正しいものはどれか。

  1 -2 2 -1 3 $\dfrac{1}{2}$ 4 1   5 $\dfrac{3}{2}$

5 $\dfrac{\sqrt{2}}{\sqrt{2}-1}$ の整数部分を a，小数部分を b とするとき，$a\times b$ の値として正しいものは次のうちどれか。

  1 $\sqrt{2}$ 2 $2\sqrt{2}-2$ 3 $2\sqrt{2}-1$ 4 $3\sqrt{2}-3$
  5 $3\sqrt{2}-2$

6 $x=\sqrt{5}+\sqrt{2}$，$y=\sqrt{5}-\sqrt{2}$ のとき，x^2+xy+y^2 の値として正しいものはどれか。

  1 15   2 16   3 17   4 18   5 19

$\boxed{7}$ $\dfrac{\sqrt{2}}{\sqrt{2}-1}$ の整数部分をa, 小数部分をbとするとき, b^2の値として正しいものはどれか。

　1　$2-\sqrt{2}$　　2　$1+\sqrt{2}$　　3　$2+\sqrt{2}$　　4　$3+\sqrt{2}$
　5　$3-2\sqrt{2}$

$\boxed{8}$ ある中学校の生徒全員のうち, 男子の7.5%, 女子の6.4%を合わせて37人がバドミントン部員であり, 男子の2.5%, 女子の7.2%を合わせて25人が吹奏楽部員である。この中学校の女子全員の人数は何人か。

　1　246人　　2　248人　　3　250人　　4　252人　　5　254人

$\boxed{9}$ 連続した3つの正の偶数がある。その小さい方2数の2乗の和は, 一番大きい数の2乗に等しいという。この3つの数のうち, 最も大きい数として正しいものはどれか。

　1　6　　2　8　　3　10　　4　12　　5　14

○○○解答・解説○○○

$\boxed{1}$　5

解説　実際に30を7で割ってみると,
$\dfrac{30}{7} = 4.28571428571\cdots\cdots$ となり, 小数点以下は, 6つの数字 "285714" が繰り返されることがわかる。$100 \div 6 = 16$ 余り4だから, 小数第100位は, "285714" のうちの4つ目の "7" である。

$\boxed{2}$　1

解説　$x=\sqrt{2}-1$を$x+\dfrac{1}{x}$に代入すると,

$$x+\frac{1}{x}=\sqrt{2}-1+\frac{1}{\sqrt{2}-1}=\sqrt{2}-1+\frac{\sqrt{2}+1}{(\sqrt{2}-1)(\sqrt{2}+1)}$$
$$=\sqrt{2}-1+\frac{\sqrt{2}+1}{2-1}$$
$$=\sqrt{2}-1+\sqrt{2}+1=2\sqrt{2}$$

$\boxed{3}$ 2

解説 360を素因数分解すると，$360 = 2^3 \times 3^2 \times 5$ であるから，約数の総和は $(1 + 2 + 2^2 + 2^3)(1 + 3 + 3^2)(1 + 5) = (1 + 2 + 4 + 8)(1 + 3 + 9)(1 + 5) = 15 \times 13 \times 6 = 1170$ である。

$\boxed{4}$ 4

解説 $\dfrac{x}{2} = \dfrac{y}{3} = \dfrac{z}{5} = A$　とおく。

$x = 2A, \ y = 3A, \ z = 5A$　となるから，

$x - y + z = 2A - 3A + 5A = 4A, \ 3x + y - z = 6A + 3A - 5A = 4A$

したがって，$\dfrac{x - y + z}{3x + y - z} = \dfrac{4A}{4A} = 1$　である。

$\boxed{5}$ 4

解説 分母を有理化する。

$\dfrac{\sqrt{2}}{\sqrt{2} - 1} = \dfrac{\sqrt{2}(\sqrt{2} + 1)}{(\sqrt{2} - 1)(\sqrt{2} + 1)} = \dfrac{2 + \sqrt{2}}{2 - 1} = 2 + \sqrt{2} = 2 + 1.414\cdots = 3.414\cdots$

であるから，$a = 3$ であり，$b = (2 + \sqrt{2}) - 3 = \sqrt{2} - 1$ となる。

したがって，$a \times b = 3(\sqrt{2} - 1) = 3\sqrt{2} - 3$

$\boxed{6}$ 3

解説 $(x + y)^2 = x^2 + 2xy + y^2$ であるから，

$x^2 + xy + y^2 = (x + y)^2 - xy$ と表せる。

ここで，$x + y = (\sqrt{5} + \sqrt{2}) + (\sqrt{5} - \sqrt{2}) = 2\sqrt{5}$，

$\qquad xy = (\sqrt{5} + \sqrt{2})(\sqrt{5} - \sqrt{2}) = 5 - 2 = 3$

であるから，求める $(x + y)^2 - xy = (2\sqrt{5})^2 - 3 = 20 - 3 = 17$

$\boxed{7}$ 5

解説 分母を有理化すると，

$\dfrac{\sqrt{2}}{\sqrt{2} - 1} = \dfrac{\sqrt{2}(\sqrt{2} + 1)}{(\sqrt{2} - 1)(\sqrt{2} + 1)} = \dfrac{2 + \sqrt{2}}{2 - 1} = 2 + \sqrt{2}$

$\sqrt{2} = 1.4142\cdots\cdots$であるから，$2 + \sqrt{2} = 2 + 1.4142\cdots\cdots = 3.14142\cdots\cdots$

したがって，$a = 3, \ b = 2 + \sqrt{2} - 3 = \sqrt{2} - 1$といえる。

したがって，$b^2 = (\sqrt{2} - 1)^2 = 2 - 2\sqrt{2} + 1 = 3 - 2\sqrt{2}$である。

$\boxed{8}$ 3

解説 　男子全員の人数を x，女子全員の人数を y とする。

$0.075x + 0.064y = 37 \cdots$ ①

$0.025x + 0.072y = 25 \cdots$ ②

①－②×3 より

$$\begin{array}{r} \left\{ \begin{array}{l} 0.075x + 0.064y = 37 \cdots ① \\ 0.075x + 0.216y = 75 \cdots ②' \end{array} \right. \\ \hline - 0.152y = - 38 \end{array}$$

$\therefore \quad 152y = 38000 \qquad \therefore \quad y = 250 \quad x = 280$

よって，女子全員の人数は250人。

$\boxed{9}$ 3

解説 　3つのうちの一番小さいものを $x (x > 0)$ とすると，連続した3つの正の偶数は，x，$x+2$，$x+4$ であるから，与えられた条件より，次の式が成り立つ。$x^2+(x+2)^2=(x+4)^2$ 　かっこを取って，$x^2+x^2+4x+4=x^2+8x+16$ 　整理して，$x^2-4x-12=0$ 　よって，$(x+2)(x-6)=0$ 　よって，$x=-2, 6$ 　$x>0$ だから，$x=6$ である。したがって，3つの偶数は，6，8，10である。このうち最も大きいものは，10である。

演習問題

1 家から駅までの道のりは30kmである。この道のりを，初めは時速5km，途中から，時速4kmで歩いたら，所要時間は7時間であった。時速5kmで歩いた道のりとして正しいものはどれか。

  1 8km   2 10km   3 12km   4 14km   5 15km

2 横の長さが縦の長さの2倍である長方形の厚紙がある。この厚紙の四すみから，一辺の長さが4cmの正方形を切り取って，折り曲げ，ふたのない直方体の容器を作る。その容積が64cm³のとき，もとの厚紙の縦の長さとして正しいものはどれか。

  1 $6-2\sqrt{3}$ 2 $6-\sqrt{3}$ 3 $6+\sqrt{3}$ 4 $6+2\sqrt{3}$
  5 $6+3\sqrt{3}$

3 縦50m，横60mの長方形の土地がある。この土地に，図のような直角に交わる同じ幅の通路を作る。通路の面積を土地全体の面積の$\dfrac{1}{3}$以下にするには，通路の幅を何m以下にすればよいか。

  1 8m   2 8.5m   3 9m   4 10m
  5 10.5m

4 下の図のような，曲線部分が半円で，1周の長さが240mのトラックを作る。中央の長方形ABCDの部分の面積を最大にするには，直線部分ADの長さを何mにすればよいか。次から選べ。

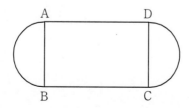

  1 56m   2 58m   3 60m   4 62m   5 64m

5 AとBの2つのタンクがあり，Aには8m³，Bには5m³の水が入っている。Aには毎分1.2m³，Bには毎分0.5m³ずつの割合で同時に水を入れ始めると，Aの水の量がBの水の量の2倍以上になるのは何分後からか。正しいものはどれか。

　　1　8分後　　　2　9分後　　　3　10分後　　　4　11分後　　　5　12分後

○○○解答・解説○○○

1 2

解説　時速5kmで歩いた道のりを$x$kmとすると，時速4kmで歩いた道のりは，$(30-x)$kmであり，時間＝距離÷速さ　であるから，次の式が成り立つ。

$$\frac{x}{5}+\frac{30-x}{4}=7$$

両辺に20をかけて，$4x+5(30-x)=7\times20$

整理して，$4x+150-5x=140$

よって，$x=10$　である。

2 4

解説　厚紙の縦の長さを$x$cmとすると，横の長さは$2x$cmである。また，このとき，容器の底面は，縦$(x-8)$cm，横$(2x-8)$cmの長方形で，容器の高さは4cmである。

厚紙の縦，横，及び，容器の縦，横の長さは正の数であるから，

　$x>0$，$x-8>0$，$2x-8>0$

すなわち，$x>8$……①

容器の容積が64cm³であるから，

$4(x-8)(2x-8)=64$となり，

　$(x-8)(2x-8)=16$

これより，$(x-8)(x-4)=8$

$x^2-12x+32=8$となり，$x^2-12x+24=0$

よって，$x=6\pm\sqrt{6^2-24}=6\pm\sqrt{12}=6\pm2\sqrt{3}$

このうち①を満たすものは，$x=6+2\sqrt{3}$

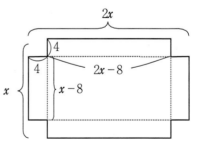

$\boxed{3}$ 4

解説 通路の幅をxmとすると，$0<x<50$……①

また，$50x+60x-x^2\leqq1000$

よって，$(x-10)(x-100)\geqq0$

したがって，$x\leqq10$，$100\leqq x$……②

①②より，$0<x\leqq10$　つまり，10m以下。

$\boxed{4}$ 3

解説 直線部分ADの長さをxmとおくと，$0<2x<240$より，xのとる値の範囲は，$0<x<120$である。

半円の半径をrmとおくと，

$2\pi r=240-2x$より，

$$r=\frac{120}{\pi}-\frac{x}{\pi}=\frac{1}{\pi}(120-x)$$

長方形ABCDの面積をym²とすると，

$$y=2r\cdot x=2\cdot\frac{1}{\pi}(120-x)x$$

$$=-\frac{2}{\pi}(x^2-120x)$$

$$=-\frac{2}{\pi}(x-60)^2+\frac{7200}{\pi}$$

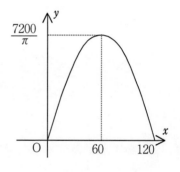

この関数のグラフは，図のようになる。yは$x=60$のとき最大となる。

$\boxed{5}$ 3

解説 x分後から2倍以上になるとすると，題意より次の不等式が成り立つ。

$$8+1.2x\geqq2(5+0.5x)$$

かっこをはずして，$8+1.2x\geqq10+x$

整理して，$0.2x\geqq2$　よって，$x\geqq10$

つまり10分後から2倍以上になる。

演習問題

1 1個のさいころを続けて3回投げるとき，目の和が偶数になるような場合は何通りあるか。正しいものを選べ。

  1 106通り   2 108通り   3 110通り   4 112通り
  5 115通り

2 A，B，C，D，E，Fの6人が2人のグループを3つ作るとき，AとBが同じグループになる確率はどれか。正しいものを選べ。

  1 $\dfrac{1}{6}$ 2 $\dfrac{1}{5}$ 3 $\dfrac{1}{4}$ 4 $\dfrac{1}{3}$ 5 $\dfrac{1}{2}$

○○○解答・解説○○○

1 2

解説 和が偶数になるのは，3回とも偶数の場合と，偶数が1回で，残りの2回が奇数の場合である。さいころの目は，偶数と奇数はそれぞれ3個だから，

  (1) 3回とも偶数：$3 \times 3 \times 3 = 27$〔通り〕
  (2) 偶数が1回で，残りの2回が奇数
    ・偶数/奇数/奇数：$3 \times 3 \times 3 = 27$〔通り〕
    ・奇数/偶数/奇数：$3 \times 3 \times 3 = 27$〔通り〕
    ・奇数/奇数/偶数：$3 \times 3 \times 3 = 27$〔通り〕

  したがって，合計すると，$27 + (27 \times 3) = 108$〔通り〕である。

2 2

解説 A，B，C，D，E，Fの6人が2人のグループを3つ作るときの，すべての作り方は$\dfrac{{}_6C_2 \times {}_4C_2}{3!} = 15$通り。このうち，AとBが同じグループになるグループの作り方は$\dfrac{{}_4C_2}{2!} = 3$通り。よって，求める確率は$\dfrac{3}{15} = \dfrac{1}{5}$である。

● 情 報 提 供 の お 願 い ●

　就職活動研究会では，就職活動に関する情報を募集していま
す。

　エントリーシートやグループディスカッション，面接，筆記
試験の内容等について情報をお寄せください。ご応募はメール
アドレス（edit@kyodo-s.jp）へお願いいたします。お送りくださ
いました方々には薄謝をさしあげます。

　ご協力よろしくお願いいたします。

会社別就活ハンドブックシリーズ

LINE ヤフーの
就活ハンドブック

編　者　就職活動研究会

発　行　令和 6 年 2 月 25 日

発行者　小貫輝雄

発行所　協同出版株式会社

〒 101 − 0054
東京都千代田区神田錦町 2 − 5
電話　03 − 3295 − 1341
振替　東京00190 − 4 − 94061

印刷所　協同出版・POD 工場

落丁・乱丁はお取り替えいたします

●2025年度版●
会社別就活ハンドブックシリーズ
【全111点】

運　輸

東日本旅客鉄道の就活ハンドブック

東海旅客鉄道の就活ハンドブック

西日本旅客鉄道の就活ハンドブック

東京地下鉄の就活ハンドブック

小田急電鉄の就活ハンドブック

阪急阪神 HD の就活ハンドブック

商船三井の就活ハンドブック

日本郵船の就活ハンドブック

機　械

三菱重工業の就活ハンドブック

川崎重工業の就活ハンドブック

IHI の就活ハンドブック

島津製作所の就活ハンドブック

浜松ホトニクスの就活ハンドブック

村田製作所の就活ハンドブック

クボタの就活ハンドブック

金　融

三菱 UFJ 銀行の就活ハンドブック

三菱 UFJ 信託銀行の就活ハンドブック

みずほ FG の就活ハンドブック

三井住友銀行の就活ハンドブック

三井住友信託銀行の就活ハンドブック

野村證券の就活ハンドブック

りそなグループの就活ハンドブック

ふくおか FG の就活ハンドブック

日本政策投資銀行の就活ハンドブック

建設・不動産

三菱地所の就活ハンドブック

三井不動産の就活ハンドブック

積水ハウスの就活ハンドブック

大和ハウス工業の就活ハンドブック

鹿島建設の就活ハンドブック

大成建設の就活ハンドブック

清水建設の就活ハンドブック

資源・素材

旭旭化成グループの就活ハンドブック

東レの就活ハンドブック

ワコールの就活ハンドブック

関西電力の就活ハンドブック

日本製鉄の就活ハンドブック

中部電力の就活ハンドブック

九州電力の就活ハンドブック

自動車

トヨタ自動車の就活ハンドブック

本田技研工業の就活ハンドブック

デンソーの就活ハンドブック

日産自動車の就活ハンドブック

商 社

三菱商事の就活ハンドブック

住友商事の就活ハンドブック

丸紅の就活ハンドブック

三井物産の就活ハンドブック

伊藤忠商事の就活ハンドブック

双日の就活ハンドブック

豊田通商の就活ハンドブック

情報通信・IT

NTT データの就活ハンドブック

NTT ドコモの就活ハンドブック

野村総合研究所の就活ハンドブック

日本電信電話の就活ハンドブック

KDDI の就活ハンドブック

ソフトバンクの就活ハンドブック

楽天の就活ハンドブック

mixi の就活ハンドブック

グリーの就活ハンドブック

サイバーエージェントの就活ハンドブック

LINE ヤフーの就活ハンドブック

SCSK の就活ハンドブック

富士ソフトの就活ハンドブック

日本オラクルの就活ハンドブック

GMO インターネットグループ

オービックの就活ハンドブック

DTS の就活ハンドブック

TIS の就活ハンドブック

食品・飲料

サントリー HD の就活ハンドブック

味の素の就活ハンドブック

キリン HD の就活ハンドブック

アサヒグループ HD の就活ハンドブック

日本たばこ産業 の就活ハンドブック

日清食品グループの就活ハンドブック

山崎製パンの就活ハンドブック

キユーピーの就活ハンドブック

生活用品

資生堂の就活ハンドブック

花王の就活ハンドブック

武田薬品工業の就活ハンドブック

電気機器

三菱電機の就活ハンドブック	パナソニックの就活ハンドブック
ダイキン工業の就活ハンドブック	富士通の就活ハンドブック
ソニーの就活ハンドブック	キヤノンの就活ハンドブック
日立製作所の就活ハンドブック	京セラの就活ハンドブック
ＮＥＣの就活ハンドブック	オムロンの就活ハンドブック
富士フイルム HD の就活ハンドブック	キーエンスの就活ハンドブック

保　険

東京海上日動火災保険の就活ハンドブック	三井住友海上火災保険の就活ハンドブック
第一生命ホールディングスの就活ハンドブック	損保ジャパンの就活ハンドブック

メディア

日本印刷の就活ハンドブック	エイベックスの就活ハンドブック
博報堂 DY の就活ハンドブック	東宝の就活ハンドブック
TOPPAN ホールディングスの就活ハンドブック	

流通・小売

ニトリ HD の就活ハンドブック	ZOZO の就活ハンドブック
イオンの就活ハンドブック	

エンタメ・レジャー

オリエンタルランドの就活ハンドブック	任天堂の就活ハンドブック
アシックスの就活ハンドブック	カプコンの就活ハンドブック
バンダイナムコ HD の就活ハンドブック	セガサミー HD の就活ハンドブック
コナミグループの就活ハンドブック	タカラトミーの就活ハンドブック
スクウェア・エニックス HD の就活ハンドブック	

▼会社別就活ハンドブックシリーズにつきましては，協同出版
のホームページからもご注文ができます。詳細は下記のサイ
トでご確認下さい。

https://kyodo-s.jp/examination_company